第49回 博士學位論文

指導敎授 鄭 駜 謨

LCC・CC・DDC의
語文學區分에 관한 硏究

中央大學校大學院

圖書館學科資料組織專攻

南 台 祐

1991. 8.

목 차

緒　論

　LCC, CC 및 DDC는 현대의 일반적인 문헌분류법에 있어서 대표적인 분류법이라고 말할 수 있다. LCC는 전통적인 열거식 분류법 중에서 대표적인 것이고, CC는 조합식 분류법의 대표적인 것이며, DDC는 이들 양자의 절충식인 주열거 부분조합식 분류법의 대표적인 것이라고 할 수 있다.

　DDC는 1876년에 편찬되어 그동안 계속적(110년 동안)으로 전문가들에 의해서 연구되고 개정되어 1989에는 제20판이 발행되었고, LCC는 1904년에 그 개요가 발표된 이래 역시 분류전문가들에 의해서 현재까지 연구되고 분야별로 판을 달리하여 개정이 진행되고 있으나 1992년에는 1991년까지의 개정본 전체 48권이 발행된바 있으며, CC는 1933년에 초판이 발행된 이래 55년 동안 전문가들에 의해서 계속 연구되고 개편되어 1987년에는 7판이 간행되었다.

　이처럼 이들은 그동안 전문가들에 의해서 연구되고 개정되어 왔으나, 각각 최초의 골격은 그대로 유지되고, 다만 학문이 발전에 따라 지엽적이고 부분적인 개선으로 세부전개만을 했을 따름이다. 한편 이들 분류법 중에서 특히 어학과 문학의 분류전개에 있어서는 영어, 독일어, 불어 등의 서양의 어문학을 위주로 하고, 이른바 기타 제국의 어학과 문학은 도외시되고 있기 때문에 동양의 여러 나라와 기타의 군소국가의 입장에서 보면 많은 문제점이 있다. 그리하여 이들 분류법을 사용하고 있는 동양의 여러 나라의 도서관에서는 필연적으로 이에 대한 해결방안의 일환으로 도서관에 따라 부분적으로 자국우위권에 의한 전개 및 고쳐 쓰기를 하여 사용하는 사례가 많은 것으로 생각된다.

　본고는 "점에 착안하여 우선 LCC, CC 및 DDC의 어문학 분류법에서 당면하고 있는 점을 규명하고, 특히 DDC의 경우 어문학분류의 전개가 지나치게 서구본위로 항목이 배정되어 있음으로 야기되는 문제점들을 동양의 관점에서 그 불합리성을 추출해 내는 한편, 그동안 한국에서 DDC를 재 전개하여 적용한 사례를 밝히는 동시에 이에 관련하여 KDC 4판에의 적용방안을 모색해 보고자 한다.

I. LCC의 어문학구분

A. 어문학분야 분류표의 편찬과정

1904년에 미국의회도서관분류법(Library congress Classification: LCC)의 전체적인 개요가 발표되었을 때 LCC의 주류는 A부터 Z까지(I. O. F. X. Y는 제외하고) 21개의 류로 구성되어 있었다.[1] 이때부터 어학과 문학은 14번째의 류 P(philology and literature)에 함께 전개되었다. P 어문학류를 구성하는 데에는 40여년이 소요되었다. 작업의 대부분은 1909년에 작업을 시작한 Walter F. Koenig에 의해 수행되었다. Class P는 부분적으로 러시아문학인 세구분 PG의 출판과 함께 1949년에 완성되었다. Class P는 LCC 전체 페이지의 1/3이 넘으며, 다음과 같이 11개의 다른 표로 이루어져 있다. 그 후 Class P의 하위류 중에서 최초로 PN, PR, PS(일반 문학사, 전집, 영국문학, 미국문학)가 당시 분류과장이었던 charles Martel의 주관하에 Edwin Wiley에 의해서 편찬 되었는데, 이 분류표는 1915년에 초판이 발행되었으며, 1964년에 다시 증보되어 별책으로 발행되었다.[2] 그리고 1978년에 Class P: subclasses PN, PR, PS, PZ의 제2

---

1) Chan, Lois Mai. *Cataloging and Classification: An Introduction.* New York, McGraw Hill, 1985. p.273
2) *Library of Congress Classification. Class P. Subclasses P.N, PR, PS, PZ, General Literature; English and American Literature: Fiction in English; Juvenile belles letteres.* 2nd ed. Wsahington, Libraty of Congress, 1933, Reprinted 1966. p.iii

판이 발행되었는데, 이것은 개정판이라기보다는 1915년 초판 발행 이후 1977년까지의 변화되고 추가된 사항을 모두 통합한 그 이후의 변경사항을 추록한 것이라고 할 수 있다.3)

두 번째로는 class P의 Subclass P-PA: Philology, Linguistics, classical literature가 역시 당시의 분류과장이었던 Charles Martel의 주관하에 시작되었는데, Walter P. Koenig에 의해 마련되어 초판이 1928년에 발행되었다. 비잔틴과 현대 그리스문학, 중세 및 현대 라틴 문학인 PA를 위한 보유는 1933년에 Clarence Perley에 의해 완성되어 1942년에 처음 발행되었다. 그래서 이 표는 모든 분류법에서 가장 상세하고 학문적 작품의 하나로 평가받고 있다. Koenig는 이 표의 이용을 위해 지시사항과 함께 상세한 소개도 해주었다. 뿐만 아니라 그는 표 전체에 가치 있는 주기도 많이 마련하였다.

부록은 Classical philology, 완전한 설명 및 예시와 함께 보조표, 그리고 이 표를 마련 시에 사용하였던 전거표에 관련된 LCC에서 다른 류의 주제리스트도 포함시켰다. 더욱이 광범위한 저자명 리스트를 포함한 그리스, 로마 작가를 위한 표 부분은 종종 명칭의 난해한 배열, 그리고 걸출한 동명이인의 작가에게 분류자를 도울 수 있도록 계획되었다. 상당량의 불명료한 명칭의 포함은 불필요한 것으로 보일 수도 있으나, 그럼에도 불구하고 그럴만한 충분한 이유가 있다. 그것은 방해와 분별없는 기호를 회피하는데 분류자를 도울 수 있기 때문이다. 그리스 및 로마 명칭 모두는 전통적인 라틴형식으로 제시되었다. 뿐만 아니라 Koenig의 소개에서 이 표를 요약하기 위한 방법론을 목격할 수 있다. 표의 어떤 부분을 위해 고안된 상세한 분류표는 대규모 대학도서관만의 이용을 위해 계획된 것으로 느낌을 받는다. 그러나 표를 조사해 보면 classical literature의 대표적 장서를 소유하고자 하는 대학도서관 또는 어떤 도서관이 소수의 세 구분

---

3) *Loc, cit*

을 무시하거나 환언하면 Synopsis Ⅲ와 Ⅳ에서 기술된 대로 요약표를 사용함으로 이 표를 이용할 수 있다.

Synopsis Ⅲ은 그리스작가의 개요표이며, Synopsis Ⅳ는 로마 작가들의 개요표이다.

세 번째로 Class P의 subclass PB-PH: Modern European languages 1933년에 발행되었는데, 이 어학분야의 분류표는 원래 charles Martel의 주관하에 목록부의 W. F. Koenig에 의해서 윤곽이 구성되어 1909년 초부터 점차로 여러 해 동안에 전개되어 왔다. 현대의 유럽언어에 분야(PB-PH)는 1903년 1월에 마치고 독일로 완성되어 출판사에 넘어 갔으나, 그해 관련된 5월에 Koenig가 임기를 마치고 독일로 귀국함으로써 잠시 공백기가 있었으나, 1933년 초에 그 후임자의 책임하에 발행되었다.4)

네 번째로 Class P의 subclasses PJ-PM: Languages and Literatures of Asia, Africa, American, Mixed languages, Artificial languages가 1930년까지 20년 동안 W. F. Koenig에 의해서 편찬 되었는데, 그 후 약간씩 증보하고 수정하여, 당시의 분류과장인 Clarence W. Perley에 의해서 아프리카 언어와 아라비아 문학에 대한 분류표를 추가해서 최종적인 개정판이 1935년에 발행되었다.5)

다섯 번째로는 subclass PQ, Part 1: French literature의 분류부분은 원래 1900년부디 1930년끼지는 W. F, Koenig가 그 실무를 맡아서 편찬하였고, 이 분류표의 일반적인 계획과 몇 가지 세부사항은 당시의 분류과장이었던 Charles Martel이 책임을 맡았다. 1930년 이후부터는 불란서 문학의 분류는 의회도서관의 분류과에 의해서 이루

---

4) *Library of Congress Classification. Class P. Subclasses PB-PH Modern European Languages.* Washington, Library of Congress, 1933, Reprinted 1966. p.ⅲ.

5) *Library of Congress Classification. Class P. Subclasses PJ-PM: Languages and Literatures res of Asia, Africa, Oceania, America. Mixed Languages, Artificial Languages.* Washington, Library of Congress, 1935 p.ⅲ.

어졌으며, 1935년 6월에 완성되었으나 그 다음해인 1936년에 발행되었다.6)

여섯 번째로 Class P. subclasses P-PM Supplement. Index to languages and dialects의 초판은 1930년대의 초기에 L. Belle Voegelein에 의해서 준비되어 현행 출판도서에 대한 적용시험을 거쳐서 1936년에 발행되었다. 그러나 1936년 이 후 P-PA, PB-PH 및 PJ-PM의 어학분야에 있어서, 특히 하위류인 PJ, PK 그리고 Semitic 중의 Arabic어와 Hebrew어, Hindi어 Hindustani어와 India의 현대어 중의 Urdu어 및 Africa어를 포함하는 PL에 있어서 점차 주목을 받게 되었다. 이 Index to languages and dialects는 1957년에 개정판(2nd ed.)이 발행 되었는데, 여기에는 현재까지 발행된 모든 언어와 새로 추가되고 변경된 언어에 대한 모든 항목을 수록하고 있다.

일곱 번째로 Class P. subclass PQ. Part 2: Italian, spanish and Portuguese literatures도 본래 1909년부터 1930년까지 Walter F. Koenig가 그 실무를 담당했고, 이 분류표의 전반적인 계획과 몇 가지 세부사항은 Charles Martel이 담당했으며, 1930년 이 후부터는 분류과에서 담당하여 상당히 개정해서 1937년에 발행되었다.7)

여덟 번째로 Class P. subclass PT. Part 1: Ge literature의 분류표도 역시 1909년부터 1930년까지 Charles Martel의 주관하에 Walter F. Koenig 에 의해서 편찬 되었으며, 그 후부터는 의회도서관의 분류과에서 편찬했는데 그동안 철저히 개정하여 1939년에 발행되었다.8)

아홉 번째로 Class P. Subclass PT. Part 2. Dutch and Scandinavian

---

6) *Library of Congress Classification Class P. Subclass PQ Part 1: French Literature*, Washington, Library of Congress, 1935 p.ⅲ.

7) *Library of Congress Classification. Class P. Subclass PQ Part 2. Italian, Spanish, and Portuguese Literature*. Washington, Library of Congress, 1937. p. ⅲ.

8) *Library of Congress Classification. Class P. Subclass PT Part 1. German Literature*. Washington, Library of Congress, 1938. Prepatory Note.

literature의 분류표는 Dutch, Flemish 및 Afrikaans 부분의 표는 전 분류과장이었던 Clarence W. Perley에 의해서 편찬되었고, 스칸디나비아 문학의 분류표는 1915년부터 1916년까지 의회도서관 목록과의 Jules Dieserud가 준비하여 분류과의 Clarence W. Perley에 의해서 편찬되었으며, 이 분류표들은 모두 근년에 개정되어 1942년에 별책으로 발행되었다.9)

열 번째로 Class P. subclass PG. Russian literature는 당시의 분류과장이었던 Clarence W. Perley에 의해서 1930년대에 마련된 러시아문학의 번역본에 대한 분류표의 초안으로써 시작된 것이다. 그러나 포괄적인 러시아문학 장서를 분류하기 위해서는 러시아문학 원본과 동시에 번역본도 함께 분류할 수 있는 분류표를 개발할 필요가 있었다. 그리하여 분류표의 편찬자인 L. Belle Voegelein이 점차 증가하는 포괄적인 러시아문학 장서를 분류하기 위하여 이 분류표를 편찬해서 1948년에 발행하였다.10)

이상과 같이 어문학이 하나의 류인 P에 병치되어 있지만, 언어는 PA-PM에 문학은 PN-PZ에 분류되며, 그 다음에 국가별, 시대별 순으로 세분하고 있다. 그렇지만, PZ3-PZ4에는 소설, 특히 대중소설을 분류하도록 편성되어 있다.

B. 어문학의 하위류의 전개

이상에서 보는 바와 같이 LCC는 여러 전문학자들에 의해서 편찬

---

9) *Library of Congress Classification. Class P. Subclass PT Part 2. and Scandinavian Literature.* Washington, Library of Congress, Prepatory Note.
10) *Library of Congress Classification. Class P. Subclass PG Russian Literature.* Washington, Library of Congress, 1948. Prepatory Note.

되어 P의 어학분야는 1904년부터 부분적으로 분책으로 발행되기 시작해서 1948년까지 무려 45년간에 걸쳐 대체로 완성되었으나, 그 후로도 현재까지 계속 부분적인 수정과 증보 및 세분전개가 이루어지고 있는데 대체적인 과정은 다음과 같다.

LCC의 개정은 일정한 기간이 아닌 연속적으로 수행되고 있다. 그러므로 항상 새로운 번호의 부가형식 및 기존번호의 개정이 빈번하게 일어난다. 그러나 개정은 LC에서 주제목록자에 의해 수행된다. LC주제목록자에 의해 제출된 새로운 번호의 제안은 그들이 기존체계 내에 공식화와 합병되기 전에 부서의 편집위원회의 승인을 얻어야만 한다. 그런 다음 부가 및 변경사항은 분기별로 'LC classification-Additions and changes'에 발표된다. 또한 'Library of Congress Classifications: A cumulation of additions and changes'에 그동안 발표된 부가 및 변경사항들의 누가 항목이 포함된다. 그렇기 때문에 개정판 간행을 위한 정기적인 시간표가 마련된 것은 없다. 개별표를 위한 새로운 판은 필요한 대로 준비되거나 다른 것과 독립되어 마련된다. 그래서 Class Q는 6판이지만, P 본표의 많은 부분은 아직까지도 그들의 초판 그대로 남아 있다. P류의 대체적인 분류체계는 다음의<표 1>과 같다.

<표 1> LCC의 어문학 개요표

P	Philology and linguistics(General)
PA	Classical Languages and Literatures
	201-1179 Greek language(Ancient, Medieval, and Modern)
	2001-2995 Latin language(Ancient, Medieval, and Modern)
	3050-5665 Greek literature(Ancient, Medieval, and Modern)
	6000-8595 Latin literature(Ancient, Medieval, and Modern)
	Modern European Languages
PB	201-431 General works
	Celtic languages and literatures
	1201-1449 Irish

<표 1> LCC의 어문학 개요표

        1501-1709 Gaelic(Scotch)

        2101-2499 Welsh(Cymric)

        2501-3020 Bretou. Cornish. Gallic

PC   Romance languages

        601-872 Rumanian language and literature

        1001-1977 Italian

        2001-3761 French. Provencal

        3801-3975 Catalan language and literature

        400l-4977 Spenish

        5001-5498 Portuguese

      Germanic(Teutonic) languages

PD   1-777 General works

        1501-1893 Scandinavian(General)

        2201-2392 Old Norse: Old Icelandic and Old Norwegian

        2401-2447 Icelandic(modern)

        2501-2999 Norwegian. Landsmaal

        3001-3929 Danish

        5001-5929 Swedish

PE   1-3729 English. Anglo-Saxon. Middle English

PF   1-1184 Dutch. Flemish. Afrikanns

        1401-1558 Friesinn language and literature

        3001-5999 German. Low German

PG   Slavic. Lituanian-Lettish. Albanian

        1-583 slavic. languages and literatures

        601-1189 Church slavic and Bulgarian

        1201-1798 Serbo-Croatian

        1801-1998 Solvenian

        2001-3998 Russian. Ruthenian(Ukrainian)

        4001-5198 Bohemian(Czech)

        5201-5698 Slovak. Wendic

        6001-7498 Polish

        8501-9198 Lithuanian-Lettish languages and literatures

        9501. 9678 Albanian language and literature

<표 1> LCC의 어문학 개요표

PH   Finno-Ugrian and Basque languages and literatures

            101-498 Finniish

            601-688 Estonian

            701-735 Lappish

            2001-3718 Hungarian

            5001-5490 Basque

                Oriental Languages and Literatures

            1001-2551 Egyptian. Coptic. Hamitic

            3001-9500 Semitic

                      Assyrian, Hebrew, Syriac, Arabic, etc.

PJ   1-7501 Indo-Aryan. Iranian

                     Vedie, Sanskrit, Pari, Bengali, Persian, etc.

            8001-8958 Armenian

            9001-9601 Caucasian

PL   Languages and Literatures of Eastern Asia, Oceania, Africa

            Turkish, Chinese, Tibetan, Tagalog, Zulu, etc.

            Hyperborean, American, and Artificial Languages

PM   101-7356 American(Indian) languages

                     Mohawk, Maya, Aztec, Tupi, etc.

            8001-9021 Artificial languages: Esperanto, Volapük, etc.

                Literature

PN   Library history and collections(General)

            101-249 Authorship

            2000-3300 Dramatic representation. The theater

            4001-4321 Oratory. Elocution, recitations, etc.

            4700. 5639 Journalism. The periodical press, etc.

PQ   Romance literatures

             1-3999 French

            4001-5999 Italian

            6001-8929 Spanish

            7081-8560 Spanish American

            9000-9999 Portuguese

<표 1> LCC의 어문학 개요표

PR   English literature

PS   American literature

PT   Teutonic literatures

        1-3971 German

      4081-4899   Low German

      5001-5980 Dutch

      6000-6471   Flemish since 1830

      6500-6590 Afrikaans

      7001-7099 scandinavian (General)

      7101-7550 Icelandic (Old and Modern)

                   Including Old Norwegian

      7581-7599 Faroese

      7601-8260 Danish

      8301-9155 Norwegian. Landsmaal

      9201-9999 Swedish

     Slavic. *See* PG

     Oriental. *See* PJ-PM

PZ   Fiction and Juvenile literature

     1-3 Fiction in English

     5-90 Juvenile literature in English and Foreign languages

PQ, Part 1 French literature

PQ, Part 2 Italian, Spanish, and Portugueses literatures

PT, Part 1 German literature

PT, Part 2 Dutch and Scandinavian literatures

위에서 보는 바와 같이 LCC에 있어 Philology and literature는 14 번째의 하나의 류(class) P에 배정되어 여기에서 하위류(subclass) PA 부터 PZ까지(I O P U V W X Y는 제외하고, PG는 Slavic, Balto-slavic Albanian과 Russian literature에 중복사용-)에 전개되어 있다. 여기에서 PA에는 Classical languages and literatures가 함께 전 개되어 있고, PB부터 PH까지는 Modern European languages가 전개

되어 있으며, PG에는 Russian literature, PJ에는 Oriental languages and literatures 및 Hamitic과 semitic, PK에는 Indo-Iranian languages and literatures, PL에는 Languages and literatures of Eastern Asia, Oceania, Africa, PM에는 Hyperborean, American, and Artificial languages, PN부터 PZ까지는 서구의 제문학이 전개되어 있다. 다시 말하면 서양의 고대 어문학과 동양의 어문학은 하위류에서 모두 함께 전개되어 있는데 비하여 서양의 현대 어학과 문학은 서로 분리되어 어떠한 원칙이나 체계가 없이 무질서하게 전개되어 있다. 더구나 러시아문학은 PN부터 PZ까지에 전개된 서구의 제문학과 멀리 떨어져서 PG에 배정되어 있다.

C. 어학의 세분전개

어학의 세분전개는 "어문학의 하위류의 전개에 이어 어학에 있어서는 분파어가 있는 언어에서는 이에 따라 각각 세분하고, 다음 단계에서 언어의 세분 표에 따라 세분하고 있다. 그러나 이 세분표도 한 가지가 아니라 다음과 같이 그 상세도가 각각 다른 17가지나 된다.<부록 1>

이상의 세분 표들은 우선 영어를 비롯해서 독·불 등 미국 의회도서관에 소장되는 도서의 증가량이 많은 나라의 언어는 세분 전개되고 그와는 반대로 증가량이 적은 것은 비교적 간략하게 전개되고 있는데, 특히 동일한 언어에 있어서도 Philology나 Language의 시대구분이나 지역구분에 따라 서로 다른 몇 가지의 세분표가 적용되고 있다.

몇 가지 예를 들면 Philology의 경우는 세분표 I(1-71)를 적용하고, Anglo-saxon, Old English, Middle English는 세분표 III을 적용하며, Early modern English는 세분표 IV를 적용하고, Modern English는 세

분표 Ⅰ을 적용하고 있다.11) 한편 겔만계의 언어학과 언어의 경우는 philology는 세분표 Ⅱ, Old Germanic dialects는 세분표 Ⅵ과 Ⅷ , language는 세분표 Ⅳ, North Germanic, Scandinavian의 philology는 세분표 Ⅱ, Old Norse languages는 세분표 Ⅲ, Modern Icelandic language는 세분표 Ⅴ, Old Norwegian은 세분표 Ⅴ, Modern Norwegian 은 세분표 Ⅳ, Danish는 세분표 Ⅰ, Old Danish는 세분표 ⅤⅡ, Swedish는 세분표 Ⅰ, Old swedish와 Early modern Swedish는 ⅩⅡ, Scandinavian dialects, modern은 세분표 Ⅷ, ⅩⅥ, ⅩⅤ을 적용하고 있다.12) 또한 한국어는 세분표 Ⅴ, 일본어는 세분표 Ⅲ을 적용하고 있다.

이 세분표는 이미 본 표에 거의 모두 적용하여 전개하고 있으나 한국어나 일본어 등 본 표에는 전개하지 않고 해당 세분표를 따르도 록 지시만 하고 있는 부분도 상당수 있다.13)

D. 문학의 세분전개

문학의 세분전개도 어학의 경우와 같이 하위류의 전개에 이어 군소 국가의 문학은 하위류에서도 더 세분하고 다음단계에서 Tables of subdivision for literature와 Tables of subdivision for individual authors 또는 Tables for anonymous works에 따라 세분하고 부분적으로는 시대

---

11) *Library of Congress Classification. Class P. Subclass PB-PH Modern European Languages.* Washington, Library of Congress, 1933, Reprinted 1966. pp.87-111.

12) *Library of Cngress Classification: Class P. Subclass PJ−PM: Languages and Literatures of Asia, Africa, America. Mixed Languages.* Washington, Library of Congress, 1935. pp.63-83.

13) *Library or Congress Classification.* Language and *Literature of Asia, Africa, Oceania, American Indian, Artificial Languages(PJ).* Washington, Library of Congress, 1935. pp.146-147.

구분 또는 경우에 따라서는 지역구분에 의해서 세분하고 있다.

그러나 이러한 문학의 세분표는 English literature table: Provincial, colonial, etc, French literature, provincial, local, colonial, etc tables, 이태리, 스페인, 포르투갈문학의 세분표는 별도로 마련되어 있고, 독일문학과 러시아문학은 별도의 세분표는 없으나, 그들의 체계와 상세도는 거의 유사하게 전개되어 있으며, 기타 군소국가의 문학세분에 적용되는 Tables of subdivisions for literature가 13가지나 있다. 또한 이들과는 별도로 Tables of subdivisions for individual authors가 21가지나 있고, Tables of subdivision for anonymous works도 2가지나 있다.

이러한 세분표들은 별책으로 편찬된 각각의 분류표에 그에 해당하는 각각의 세분표가 수록되어 있는데 이들을 열거하면 다음 <표 2>와 같다.

<표 2> 문학의 세분표 목록

English literature table: Provincial, colonial, etc.
    Table A. B. C. D. Da. E. F. Fa.[14]

French literature, provincial, local, colonial, etc.
    Table A, Da, Ea, F(X=Cutter number)

Tables of subdivisions under individual authors
    Ⅴ Ⅱ, Ⅴ Ⅲ, Ⅴ Ⅲa, Ⅴ Ⅲb, Ⅸ, Ⅰ Ⅹa, Ⅰ Ⅹb, Ⅹ,
    Ⅹa, Ⅺ, Ⅹ Ⅱ.

Tables for anonymous works
    Ⅹ Ⅲ, Ⅹ Ⅲa[15]

Literature: provincial, colonial, etc.
    Table A, Da, Ea

Tables of subdivisions(for literature)
    ⅩⅩ, ⅩⅩⅠ , ⅩⅩⅡ, ⅩⅩ Ⅲ, ⅩⅩⅣ, ⅩⅩⅤ,
    ⅩⅩⅥ, ⅩⅩⅥa, ⅩⅩⅤ Ⅱ, ⅩⅩⅦ, ⅩⅩⅩ,
    Table Da. Ea[16]

이상의 표들은 **PB-PM**에서 지시한 바와 같이 동양문학 슬라 부문
학 및 소수의 구라파문학을 분류하는데 해당하는 것에 한해서 적용
된다.17)

Tables of subdivisions under individual authors
    I, Ⅱ, Ⅲ, Ⅲa, Ⅳ, Ⅳa, Ⅴ, Ⅵ, Ⅶ, Ⅷ, Ⅷa,
    Ⅷb, Ⅸ, Ⅸa, Ⅸb, Ⅹ, Ⅹa, Ⅺ, ⅫⅡ,
    Ⅻa, ⅩⅢ[18]

그것이 합당하다고 생각되는 특별한 경우에 한해서 적용된다.19)

Tables of Subdivisions for Individual authors
    Ⅶ, Ⅷ, Ⅷa, Ⅷb, Ⅸ, Ⅸa, Ⅸb, Ⅹ, Ⅹa,
    Ⅺ, ⅫⅡ.

Tables of subdivisions for individual author
    Ⅷa, Ⅸa, Ⅺ.

Tables of Subdivisions for literature
    Table XXV, table F(X=Cutter number)[20]

---

14) *Library of Congress Classification: General Literature English and American Literature. Fiction In English, Juvenile Belles Letters(PN, PR, PS, PZ).* 2nd ed. Washington, Library of Congress, 1978. pp.94-202.

15) *Library of Congress Classification, French Literature PQ.* Part 1. Washington, Library of Congress. PP.175-185.

16) *Library of Congress Classification. Language and Literature of Asia, Africa, Oceania, American Indian, Artificial Languages, PJ-PM.* Washington, Library of Congress, 1935. pp.239-246.

17) *Ibid.,* p.219.

18) *Library of Congress Classification: General Literature English and American Literature. Fiction in English, Juvenile Belles Letters(PN, PR, PS, PZ).* 2nd ed. Washington, Library of Congress, 1978. pp.263-277.

19) *Ibid.,* p.264.

20) *Library of Congress Classification. Russian Library of Congress, PG.* Washington, Library of Congress. 1948. pp.253-256.

Tables of subdivisions for literature
Table XXⅡ[21)]
Tables of subdivisions for Individual authors
Ⅷ, Ⅷa, Ⅷb, Ⅸ, Ⅸa, Ⅸb, Ⅹ, Ⅹa, Ⅺ, ⅩⅡ
Tables of Subdivisions for literature
Table F(X＝Cutter number)[22)]

이상에서 열거한 문학세분표 목록 중에서 동양문학, 슬라 부문학 및 소수의 구라파문학을 세분하는데 적용되는 세분표에 대해 구체적으로 설명하면 다음과 같다.

이상의 표에서 보는 바와 같이 11가지로 되어 있는 이 세분표는 거의 모두 유사한 체제와 순서로 전개되어 있으면서 다만 각각 그 상세도를 달리하고 있다고 볼 수 있다. 예를 들면 이 세분표는 Ⅰ History and criticism에서부터 Ⅳ Individual authors에까지 문학을 체계적, 일률적으로 세분 전개하고 다만 각각 상세도를 달리하여 XX는 1부터 순차적으로 248까지 세분하고, XXⅠ은 1부터 148까지, XXⅡ는 1부터 98까지 점차로 간략하게 세분하고 있다. 또한 다음의 세분표 XXⅢ은 0부터 18까지, XXⅣ와 XXⅤ는 0부터 9까지 더욱 간략하게 세분하고 있다. 한편 세분표 XXⅥ과 XXⅥa는 상세도는 같지만 적용분야가 각각 다른 것이고, XXⅦ과 XXⅧ도 문학을 체계적으로 일률적으로 세분전개하고 다만 상세도를 달리하고 있을 뿐이다. 또한 세분표 XXX은 번역서에 적용되는 세분표이고, Table Da와 Table Ea는 역시 전개된 체계는 같으나 각각 상세도를 달리하고 있다.

한편 본 표에서는 더욱 그러하지만 세분표에서도 지나치게 세분하고 있다고 판단된다. 한 가지 예를 들면 Ⅰ. History and criticism에

---

21) *Library of Congress Classification. Philology. Lingustics. Classical Philology. Classical Literature P. PA.* Washington. Library of Congress. 1928. p.423.
22) *Library of Congress Classification: Dutch and Scandinavian Literature. PT.* Part2. Washington, Library of Congress, 1942. pp.97-102.

서 역사의 시대구분은 당연하지만 시, 희곡, 소설 기타 동에서 까지 각각 시대구분을 하고, Collections에서도 역시 문학의 양식별로 시대구분을 하고, Individual authors에서도 시대구분 또는 국가구분까지 하고 있다<부록 2>

또한 본 표에서는 각각의 문학의 양식별로 각 작품이 다룬 Special topics에 따라 다시 세분하고 있다. DDC에서는 맨 먼저 작품에 쓰인 원 언어(original language)에 의하고, 다음에 문학양식(forms)에 의하고, 그리고 그 작품의 시대(Period)구분에 의해 배열되고 있는데 반하여, LCC는 언어-국가-시대-개별저자 순으로 구분된다. 문학양식은 구분으로 사용하지 않고 문학작품의 저자를 주요한 구분특성으로 한다. 그 결과 삭가사신이 복수언어로 작품 활동을 하지 않는 한 그 작품은 함께 모이게 된다. 단 예외로서 영국의 르네상스기(1500-1640)는 문학양식으로 구분한다. 따라서 이 부분에서만, 산문 및 시가 희곡에 따라 동일저자의 작품이 분산된다. 개개의 문학자는 고유의 분류 기호를 갖게 되어 분류표 중 문학자에 따라 알파벳순으로 열거된다. 그 저작이나 연구서의 많고 적음에 따라 기호가 할당된다. 작품이 많은 분류 자에는 복수의 整數記號(예: PR 4420-438 Carlyle, Thomas)가 부여되지만, 적은 경우에는 하나의 정수(예: PR 4453.C6 Clare, John)이다. 따라서 20세기의 문학자에 대해서는 모두 Cutter number를 사용한다. 이깃은 동시대에 있어서 수의 예측이 되지 않은 이유두 있지만, 20세기 이전의 문학자에 비해서 그 획일적으로 할당함으로 문제가 있는 것으로 말해지지는 않는다. 각 문학자 개인 전집, 선집, 단행본, 번역서, 평론, 전기 등의 저작형식에 의해 세구분하는 것이 가능하여 도서분류표로서 뿐만 아니라 서지적 도구로서도 이용이 가능토록 되어 있다.

E. 문학의 개인저작의 세분표

　LCC에는 이상에서 설명한 문학세분표 이외에 개인의 문학작품을 위한 세분표가 있다. 이 세분표는 "필요하다고 생각되는 특별한 경우에 한해서 적용된다."23)고 하는 주기가 있으나 영·독·불·노·이태리 등 주요한 서구문학에는 거의 모두 적용되고 있는데 이 세분표는 <부록 3>과 같다.

　<부록 3>의 표에서 보는 바와 같이 개인저자의 저작을 표 Ⅰ부터 ⅩⅢ까지로 구분하여 그 유형에 따라 일관된 체계로 세분 전개하고 있다. 표 Ⅰ는 문학작품을 0부터 97까지 세분하고, 표 Ⅱ는 표 Ⅰ과 같은 체계와 순서로 세분하되 0부터 48까지(혹은 50부터 97까지) 세분하도록 되어있다. 다시 말하면 표 Ⅰ과 Ⅱ는 동일한 체계와 순서로 전개하고 그 상세도만을 달리한 것이다.

　표 Ⅲ과 Ⅳ는 역시 개인의 문학작품을 그 유형에 따라 표 Ⅰ, Ⅱ와 유사한 체계로 하되 이를 보다 간략한 구조로 전개하고, 표 Ⅲ은 0부터 18까지, 표 Ⅳ는 0부터 8까지 세분하고 있다. 다시 말하면 표 Ⅳ는 표 Ⅲ에 비해서 그 상세도를 반 이하로 간략화한 것이다.

　표 Ⅲa와 표 Ⅳa는 표 Ⅲ, Ⅳ와 같으나, 다만 표 Ⅰ과 Ⅱ에 있어서 (p.264) 0의 숫자 아래에서 년도의 문자를 사용하는 것만이 다르다.

　표 Ⅴ와 Ⅵ은 개인저자의 단일저작을 세분하는 표로서 표 Ⅴ는 0부터 8까지, Ⅵ은 0부터 까지(혹은 5부터 9까지) 각각 번호를 주도록 되어 있다. 표Ⅴ과 Ⅵ도 역시 동일한 체계와 순서로 전개하되 다만 그 상세도만 달리 한 것이다.

　표 Ⅶ은 개인 저자의 저작집, 번역서, 선집, 별집, 전기와 비평 등

---

23) *Library of Congress Classification. General Literature. English and American Literature. Fiction in English, Juvenile Belles Letters(PN, PR, PS, PZ).* 2nd ed. Washington, Library of Congress, 1978. pp.264.

을 세분 하는 표로서 이들을 0부터 4, 혹은 5부터 9까지(0과 3 혹은 8에서는 다시 세분하고 있지만) 세분하도록 전개한 것이다.

표 Ⅷ과 Ⅸ는 역시 개인저자로서 하나의 번호나 혹은 Cutter번호를 가지는 세분표로서 역시 문학적 저작의 유형을 동일한 체계와 순서로 전개한 것으로 표 Ⅷ은, 이 세분표에 나열된 하나의 번호를 주고, 표 Ⅸ는 여기에 Cutter 번호(후술)를 더 부가하도록 한 것이다. 표 Ⅷa와 Ⅸa, 또는 Ⅷb와 Ⅸb는 표 Ⅷ 및 표 Ⅸ와 같은 체계로 전개한 것이나 역시 각각 그 상세도만 달리한 것이다.

표 Ⅹ와 Ⅹa는 문학저작의 단행본을 위한 세분표로서 교과서, 번역서, 비평서, 문학사 및 특수 분야로 세분하도록 전개하고 있다.

표 Ⅺ은 단행본의 문학적 저작을 교과서, 번역서, 비평서로 구분하고. 여기에 cutter번호를 주도록 되어 있다. 표 Ⅻ 는 개인저자의 저작을 전집, 번역서, 선집, 별집, 전기와 비평 등으로 세분 전개한 것이며, Ⅻa는 단일저작을 위한 교과서, 분책(Parts), 비평서 순으로 전개한 것이다.

표 ⅩⅢ은 소설, 시, 희곡 등에 있어서의 저자불명의 저작을 위한 세분표이다.

Γ. 문자숫자표(Cutter table)에 의한 세분

전항에서 논급된 바 있는 cutter Number는 LC에서 사용하고 있는 Cutter Table에 의한 번호를 의미한다. 미국의회도서관의 분류시스템에서는 Cutter 번호가 두 가지 목적을 위해서 사용되고 있다. 첫째는 분류번호를 확장(extension)하는 의미를 가지며, 둘째는 도서번호로서의 의미를 가진다. 하나의 Cutter 번호는 알파벳 대문자와 그 다음에 아라비아 숫자로서 이루어진다. 번호는 십진식으로 취급

되며, 문자 앞에는 십진점을 찍는다. 예: .R6.

미국의회도서관에는 DDC와 더불어 사용되는 정밀한 Cutter Table은 사용되지 않는다. 그 대신 비교적 간단한 일련의 LC저자기호법을 사용하는데 이 표도 역시 미국 도서관계에서 Cutter Table이라고 한다.

LCC에서 분류번호 다음에 논제의 자모순으로 세분하라는 지시가 많이 있다. 논제의 자모순 다음에 저자명의 자모순으로 더 세분하기도 한다. 문학에서는 한 작가의 작품은 서명의 자모순으로 배열하고 있다. 이와 같이 자모순으로 배열할 때에는 분류표에 있는 Cutter 기호도 쓰이지만 아래의 표의 지시에 따라서 번호를 작성하고 있다.(LC에서 작성한 분류표 중에서 Cutter 기호가 반드시 이 방법에 의해서 작성한 기호와 일치하지 않는 이유는 LC내의 서가목록과 대조하여 조장을 하여야 하기 때문이다).

이 Cutter Table은 고안자와 고안연대에 대해서는 알 수 없으나 초기에 사용되던 것과, 둘째로 1979년에 개정된 것24), 셋째로 1986년 10월에 개정된 것이 있다.25)여기에서는 최근에 개정된 1986년판만을 소개하고자 한다.

　※ Cutter Table
(1) 두문자 모음다음에
　　둘째글자: b d l, m n p r s, t u, y 에 대해서는 2 3 4 5 6 7 8
　　　　　　9를 사용한다.

(2) 두문자 S 다음에
　　둘째글자: a ch e h, i m, p t u에 대해서는 2 3 4 5 6 7-8 9를

---

24) *Cataloging Service Bulletin.* 3, (Winter 1979). PP.19-20.
25) *Library of Congress Subject Cataloging Manual: Sselflisting. G 060. Call Number.*
　　Sev. 10/ 06/ 86. p.26.

사용한다.

(3) 두문자 Qu 다음에

둘째글자: a e i o r에 대해서는 3 4 5 6 7 9를 사용하고 두문자
Qa-Qt에 대해서는 2-29를 사용한다.

(4) 기타의 두문자 자음 다음에

둘째글자: a e i o r u y 에 대해서는 3 4 5 6 7 8 9를 사용한다.

(5) 전개를 위해서 (1)부터 (4)까지의 표로 번호를 구성하고, 그 이
상 더 전개가 필요할 때 낱말의 셋에 글자가 다음의 글자
a-d e-h i-l m n-q r-t u. v x-z에 대해서는 2 3 4 5 6 7 8 9를 사용한다.

다음의 예들이 이미 서가목록에 열거된 저록에 위의 표와 일치할
때에만 사용될 수 있는 cutter 번호를 나타낸다. 대부분의 경우에 있
어서 cutter 번호는 하나의 저록을 정확하게 확인하는데 적용되어야
만 하고 나중에 화일될 저록을 위한 여백을 두어야 한다.

<표 3> cutter 표

Vowels		S		Q		Consonants	
IBM	.126	Sadron	.S23	*Qaddun	.Q23	Campbell	.C36
Idaho	.133	*Scanlon	.S29	*Qiao	.Q27	Ceccaldi	.C43
*Ilardo	.14	Schreiber	.S37	Quade	.Q33	*Chertok	.C48
*Import	.148	*Shillingburg	.S53	Queiroz	.Q45	*Clark	.C58
Inman	.156	*Singer	.S57	Quinn	.Q56	Cobblestone	.C63
Ipswich	.167	Stinson	.S75	Quorum	.Q67	Cryer	.C79
*Ito	.187	Suranyi	.S87	Qutub	.Q88	Cuellar	.C84
*Ivy	.194	*Symposium	.S96	*Qvortrup	.Q97	Cymbal	.C96

이들 Cutter 번호는 표에 나타난 문자의 범위: 예를 들면 l-m이나, 혹은 명백하게 제시되지 않은 문자, 예를 들면 두문자 자음 다음에 h를 참작해서 만들어진 조절장치를 반영하고 있다.26)

이상에서 보는 바와 같이 LCC는 문학분야에 있어 뿐만 아니라 모든 분야에 걸쳐 분류표의 본 표나 세분표에 주제의 자모순에 적용하기도 하고 때로는 저자기호에 적용하여 세분할 경우도 있다.

---

26) *Library of Congress Subject Cataloging Manual: Selflisting. G 060.* Washington, Library of Congress, 1966. p.26

Ⅱ. CC의 어문학구분

S. R. Ranganathan이 창안한 콜론분류법(Colon classification: CC)은 근대 분류법이라고 할 수 있는 DDC, LCC, EC, SC등을 비교 연구한 결과 어떤 분류 체계에서도 만족감을 얻을 수 없었던 데서부터 출발된 것이다. 그래서 주제의 다면적 표현을 시도한 분석합성형의 분류법을 편찬하게 된 것이다. 즉 현대의 지식시회에서는 학문간의 뚜렷한 경계가 사라지고, 상호관련을 가지면서 지적활동이 이루어지기 때문에, 이러한 자료를 취급하는 것이 문제 거리로 대두되게 된 것이다. 부언하면 단면적인 분류기호에 의해 주제가 표현할 수 있었던 자료가 지식구조의 변화에 따라 새로운 방식의 분류방식이 필요하게 이른 것이다. 따라서 새로운 주제를 삽입하기 용이하고, 복합주제를 용이하게 기호화할 수 있고, 각 주제를 정밀하게 세분전개할 수 있으면서도 간단한 분류표의 발현을 기대한 것이다.

CC의 아이디어가 최초로 착상된 것은 Ranganathan이 아직 런던대하 도서관 학교에 유학중이던 1924년의 일이다. 그 다음 해인 1925년에는 재직 중이던 인도의 마드라스대학으로 돌아와 초안인 CC로 그 대학도서관의 3만 장서를 시험 분류하기 시작한지 1년이 경과하여 CC의 가치가 증명되었다.27)

이러한 과정을 거친 "CC는 아직 출판되지 않은 채 시험적으로 적용한 것이었고, 제1판이 나온 것은 1933년이었다.28) 이와 같은 전통

---

27) Bhargava, G. D. and Sood, S. R. *Colon Classification: theory and practice.* Ujjain, Vijay Prakashan, 1975. p.21.
28) Ranganathan, S. R. *Colon Classification.* Madras, Madras Library Association,

적(열거식)인 분류법과는 전혀 다른 분류법을 구상한 Ranganathan 을" 수학의 유클리드(Euclid)와 음악의 라모(Rameau)와 같이 그의 업적은 문헌분류표에 있어서 이론, 기법, 절차를 이해하기 위한 기초 로서 인정되어야 한다29) 라고 극찬하고 있으며, 또한 J. H. Shera도 "분류에 끼친 그의 위대한 공헌과 동시대 사람들보다 앞선 사고는 분류의 구성단위로서 물리적인 책에 대한 맹목적인 거절이고, 사고 단위나 주제단위로의 대치이다"30)라고 논평한 바 있다.

1933년 초판의 서문에서 Ranganathan은 어떤 표준적인 단위표 (unit schedules)를 통하여 도서를 분류하는 실용편람을 작성하는 것 이 목적이었다고 기술하고 있다. 그러나 초판에서는 단위표를 제공할 것을 목적으로 콜론(:)을 사용하는 패싯공식(facet formula)을 적용 하고 있을지라도 27개의 주류와 공통구분, 지리구분, 시대구분, 언어 구분 및 기타 몇 가지 구분하는 방법을 구비하고 있을 뿐이었다. 그 후 1939년에 2판을 내고 1950년에 3판이 출판되었는데, CC의 패싯 의 기본범주는 이 3판에서 지식의 기본적인 패싯으로 확정되었다. 이 기본적인 패싯, 곧 기본범주에 대한 착상은 1950년 3판이 나오기 전 1944년에 저술한 도서관분류: 원리와 방법 (Library classification: Fundamental and Procedure)에서 이미 도입하고 있다.31)

4판(1952)과 5판(1957)에서는 패싯의 기본범주 내에 회차(round) 와 (levels)의 개념을 도입하여 패싯분석(facet analysis)의 하고 있 다.32) 1950년에 6판, 1963년에는 6판의 교정판 및 세밀한 정도를 7

1933. p.128, 136, 106.

29) Atherton, P. "Ranganathan's Classification Ideas: An Analytico-Synthetic Discussion." *Library Resources & Technical Services*, vol. 9, no. 4(1965). p.468.

30) Shera, J. H. *Libraries and Organization of Knowledge*, ed. by B. J. Foskett. Handen, Archon Books, 1965. pp.101-102.

31) Ranganathan, S. R. *Library Classification: Fundamentals and Procedure, with 1008 Graded Examples and Exercises*. Madras. Madras Library Association, 1944. p.496.

32) Ranganathan, S. R. *Colon Classification: Basic Classification*, 5th ed. Madras,

판의 개요33)를 단계 추가 거듭 발표하면서 다섯 기본 범주(P M E S T)의 개념은 고정되어 변화가 없다. 그러나 형태상 변화는 없으나 분류에 기본 범주를 적용하는 이론적 근거를 이 시기에 마련한 것으로 생각된다. Ranganathan자신의 진술에 의하면 1956년 말경부터는 분류, 즉 지식의 패싯 분석과 조합은 일련의 공리(postulates)에 기초하여야 한다는34) 생각을 굳히고 분류작업의 3단계35)요인 아이디어단계, 언어단계, 기호단계 각각에 대하여 일련의 공리를 설정하였다. 이 공리들은 패싯 분석과 분석된 패싯 배열에 대한 이론적 근거를 만들에 놓은 것으로, 콜론분류법의 패싯 합성법(facet formula)을 통제하는 CC의 기반이라고 할 수 있다.

제7판은 Ranganathan(1892-1972) 사후판(posthumous edition)으로 1987년에 발행되었다.36) 불가피하게 최신판(7판)은 굉장히 많은 변화를 가져왔다. 그것은 본 표에서 변경된 가장 결정적인 개정판으로 공통 및 특수, 문법, 기호 및 배열구분이다.37) 새로운 판에서 훌륭한 특성들은 규칙의 간략화, 보다 많은 기본주제의 인식, 공통구분과 조

MLA., 1957. p.148, 179, 136.

33) Ranganathan, S. R. *Colon Classification: Basic Classification*, 6th ed. Bombay, Asia Publishing House. 1960. (Ranganathan series in library science; 4).
Ranganathan, S. R. Colon Classification: Basic Classification. 6th ed with Amendment. Asia Publishing House. 1963(Ranganathan series on libraty science; 4)
Ranganathan, S. R. "Colon Classification edition 7(1971): a preview" *Library science with a slant to documentation*. Vol.6, no.3(Sep.1969). pp.193-242.
34) Ranganaghan, S. R. and A. S. "Raizada, Postulational approach to depth classification." *Annals of library science*. vol. 7, no. 3(sep.1960). p.77.
35) 그는 1944년에 분석과 합성의 분류작업을 아이디어단계(idea plane), 언어 단계(verbal plane), 기호단계(notational plane)로 구분하고, 각 단계에 대하여 아이디어단계는 류, 언어단계는 주제, 기호단계에서는 분류기호 등으로 용어를 구분하여 사용하고 있다. 따라서 류와 주제, 분류기호는 결국 서로 대등한 관계를 갖고 서로 영향을 미치게 된다.(Ranganthan, S. R. *Prolegomena to library classification, New York*, Asia publishing house, 1967. p.327)
36) Satija, M. P. "A Critical Introduction to 7th edition(1987) of the Colon classification," *Catalging & Classification Quarterly*, vol.12, no.2(1990). p.125.
37) *Ibid.*, p.126.

기성기호법의 수와 다양성의 증가에 있다. 그렇지만, 훌륭한 특성은 대부분이 잘못 인쇄된 것과 일치되지 않는 곳이 바로 잡힌 것이다. 그러나 본 표의 개발은 균형이 잡혀 있지 않다. 상이한 기본류 아래 특수구분의 열거는 고도로 전문화된 도서관을 위해서는 깊고 넓도록 취급 하였다. 류의 많은 부분은 깊이 있는 표처럼 보이며 또한 많은 특수 구분의 열거는 아직은 많은 진부한 주제들이 표에서 아무런 언급이 되어 있지 않은 것이 발견된다.[38]

이러한 54난간의 개정을 거친 CC에서의 주류의 원리는 다음과 같은 변천을 거쳐 왔다. CC의 "주류는 정당한 원리와 일관성 있도록 구성되었다. 기본 분류(basic classification)는 대부분이 강에서 논리적이며, 상세성에 있어서는 과학적이며 또한 정교성에 있어서도 학문적이다.[39] 그러나 이러한 복잡한 정교성이 오히려 분류자를 혼동하게 만들어 버리기도 한다. 물론 CC는 특별히 동양장서에 적용시킨 것이다. 동양정신이 비록 서양정신을 취급하려고 하는 것은 용이하지 않지만, 용해시킬 수는 있다.[40] 즉 주류배열의 원리에 대한 CC 의 원리는 Andre Marie Ampere의 학문배열에 영향을 받고 있다. 즉 암페어는 학문을 우주론(science cosmologique)과 정신과학 (science noologique)의 둘로 나누었으며,[41] 그의 저서 과학철학시론(Essai sur la Philosophie des Sciences, 1834-43)에서 학문을 물리학, 공학; 지리학, 광업; 식물학, 농학; 동물학, 축산학, 의학 등의 순서로 나누었다. 이러한 체계는 그 이전의 체계보다 더 철저하게 분류한 것이었다. 그는 기초과학 다음에 유용기술(useful arts)과 응용과학(applied science)를 배치하였는데, Ranganathan은 그의 학문배열 순서를 그대로 따르고 있다.[42] 이것은 같은 수학자인 암페어의 연속분류(serial classification)방법

---

38) *Ibld.*, p.136.
39) Bliss, H. E. *The Orqanization of Knowledge in Libraries and the subject-approach to books,* 2nd ed. New York, The H. W. Wilson Co., 1939. p.299.
40) *Loc. cit.*
41) 세계철학대사전. 서울, 교육출판공사, 1987. p.715.
42) Kumar, K. *Theory of Classification,* 2nd ed. New Delhi, Vikas Publishing House

에 Ranganathan이 동조하였다고 볼 수 있다. 그러나 깊은 관련을 맺고 있는 생물학(G)과 식물학(I) 동물학(K)이 떨어져 있으며, 정치학(W)과 법률(Z)이 떨어져 있어서 논리성이 결여되어 있다고 할 수 있다.

CC에 있어서의 어문학류는 초판에서부터 O literature와 P Philology를 주류에 배정한 후 2판에서는 philology가 linguistics로 용어가 변경되었을 뿐 그대로 답습되다가 7판에서는 각각의 어문학류보다 상위의 항목으로 O*Z language and literature를 배정하고 있다.

이러한 주류 O와 P에 분석 합성되는 보조 장치로서 1판에서는 언어구분과 연대구분이 설치되었는데 언어구분은 어학과 문학에서 사용되는 구분으로 도서기호에도 사용된다. 2판에서는 Ancient Tamil poetry표가 부기되었으며, 3판에서는 문학에서 우선어(favoured language)를 위한 " " 부호의 규정이 신설되었으며, 6판에서는 language와 literature를 나타내는 새로운 Partially comprehensive 주류 NZ가 창안되었다. 이제 CC의 어학과 각각 그 특성들을 살펴보고, 동시에 이들의 문제점도 분석해 보고자 한다.

A. 어학의 분류

CC의 경우 어학의 분류를 위해서 P류에 다음과 같은 Linguistics 분류표가 마련되어 있고<표 4>, 보조표로서 다음과 같은 Language isolate가 <표 5>와 같이 마련되어 있다.

PVT LTD., 1979. pp.365-366.

<표 4> 어학분류표

P [P], [P2] [P3]: [E] [2P]

	Foci in [P2]	05	Half open
9A	Variant	07	Open
9B	Slang	08	Nasal
9D	Dialect	13	Dipththong
9J	Jargon	15	Consonant
A	Stage	151	Glatted
	Foci in [p], [p2]	152	Circular
	taken together	153	Velar
	(Illustrative)	154	Palatal
111, D	Old English	155	Post-dental alveolor
111, E	Middle English	156	Predental
111, J	Modern English	157	Labiodental
113, D	Old English	158	Bilabial
113, E	Middle German		Common isolates for
113, J	Modern German		15 and its subdivisions
114, D	Old Swedish	01	Plosive
114, J	Modern Swedish	02	Lateral
115, D	Old Norse	03	Rolled
115, J	Modern Norwegian	04	Fricative
117, D	Old Icelandic	05	Semi-vowel
117, J	Modern Icelandic	08	Nasal
122, A	Old French	16	Voiced consonant
122, F	Middle French		To be subdivied as '15'
122, H	Nodern french	17	Unvoiced consonant
1295, D	Old Irish		To be subdivied as '15'
1295, E	Middle Irish	2	Syllable
1295, N	Modern Irish	203	Formative, element. Prefix.
15, A	Ancient or Vedic Sanskrit		Suffix. Infix
15, B	Epic Sanskrit	27	Specific syllable
15, C	Classical Sanskrit	3	Word

31, A	ancient Tamil	301	Root
31, D	sangam Tamil	302	Stem
31, J	Modern Tamil	303	Compound word
33, A	Ancient Kanarese	305	Loan word
33, E	Old kanarese	31	Noun
33, J	Modern Kanarese	311	Concrete
	Foci in [P3]	312	Proper
1	Isolated sound. Phone-	313	Common
	me	314	Class
11	Vowel	315	Collective
111	Back	316	Material
115	Mixed	317	Abstract
118	Front	32	Adjective
	Common isolates for	321	Proper
	11 and its subdivisions	322	Descriptive
01	Close	323	Quantitative
03	Half Close	324	Demonstrative
		325	Distributive
33	Numeral	12	Accent
331	Cardinal	122	Stress(quantity)
335	Ordinal	123	Pitch(quanlity)
34	Pronoun	13	Conditional change. Combi-
341	Personal		native change, e. g., Um-
344	Demonstrative		laut, Verner's Law
345	Relative	14	sudden change. Loss, Ap-
346	Interrogative		pearance
35	Verb	15	Changes due to analogy
351	Finite form	16	Unconditional change. Isola-
353	Infinitival form		tive change e. g., Grimm's
354	Infinitive		Law
356	Gerund	18	Representation
357	participle	2	Morphology(structure)

9	Meterials for practice,		ment
	readers	53	Coining
	To be divided if necessary	58	Borrowing
	by grades	7	Composition
	Foci in [E] cwn [2Pʹ]	75	Figure of speech(imagery)
1	Phonology, (sound,	795	Translating
	phonetics)	P(1)	Calligraphy
		P(3)	Shorthand
		P(6)	Typewriting

<표 5>언어구분표(Language isolate)

1	Indo-European	1285	Irish
		1287	Scotch, Gaelic
11	Teutonic	13	Greek
11011	Gothic		
110153	Low Frisian	14	Slavonic
110155	Old Frisian		
111	English	141	Lethic
112	Dutch	142	Russian
113	German	143	Bulgarian
114	Swedish	144	Illyrian
115	Norwegian	1441	Slav
116	Danish	1442	Scrvian
117	Icelandic	145	Polish
		146	Bohemian
12	Latin		
121	Italian	15	Sanskrit
122	French	151	Prakrt
123	Spanish	1511	Pali
124	Portugrese	1512	Maharastri
128	Celtic	1516	Ardhamagadhi
1283	Welsh	1517	Magadhi

1518	Apabhramsa	3	Dravidian
15198	Sinhalese		
152	Hindi	31	Tamil
153	Panjabi		
154	Kashmiri	32	Malayalam
155	Marathi		
156	Gujarati	33	Kanarese
157	Bengali		
158	Assamese	34	Tulu
1591	oriya	35	Telugu
1595	Nepalis	36	Kui
		38	Brahui
16	Iranian	4	Other Asian languages
		5	Other European languages
161	Avestic	6	Other African languages
162	Pahlavi		
164	Persian	7	Other American languages
165	Afghan(pushtu)		
168	Urdu	8	Other Australian languages
17	Arinenian		
18	Albanian	9	Other oceanic languages
191	Tockarish		Divisions 4-9 to be divide by(DD)
192	Phyrigian		
197	Hittite		(Illustrative)
		99M	Solresol
2	Semitic	99M7	Lingualumina
21	Baabylonian including Syriac	99M8	Volapuk
22	Assyrian	99M84	Blaia Zimondal
24	Aramaic	99M86	Cabe Aban
25	Hebrew	99M87	Esperanto
26	Phoenician	99N	Interlingua 'Latino Sina flex'
28	Arabic	99N1	Ido
		99N2	Hom-idyomo

어학의 분류는 우선 이들 두 표와 더불어 패싯(facet)배열공식에 의해서 분류번호가 구성되는데 Linguistics의 패싯배열공식은 다음과 같다.

P[P], [P2][P3]: [E][2P]

여기에서 P는 주류의 하나인 어학을 나타내기 위한 기호이다. 첫 번째의 [P]는 Language를 나타내게 된다. 이 언어 패싯의 기호는 Schedule of language isolates에 의해 결정된다. 예를 들면 '영어'는 P111, '독일어'는 P113, 한국어는 P495가 된다.

두 번째의 [P2]는 Variant stage를 나타내게 된다. 변형을 나타내기 위한 기호는 CC의 제P장에 열거되어 있다. 만일 어떤 자료에서 방언이나 직업어(jargon)와 같은 어떤 특정 언어의 변형을 다루고 있는 경우에는 변형표의 해당기호를 추가하여 언어기호를 구분해야 한다. 예를 들면 'English dialect'는 P111, 9J, '한국의 심마니어'는 P495, 9J가 된다.

지리적으로 명확히 구분되는 특정지역에 해당하는 방언을 다루는 경우에는 적절한 Geographical number를 추가하여 방언기호를 더 전개할 수도 있을 것이다.(CC의 Chapter 4 time isolate참조). 예를 들면 'Yorkshire의 방언'은 P111, 9D56175가 되는데, 여기서 56175는 Yorkshire의 지리기호이다.

직업어기호의 다음에도 그 직업어의 사용지역과 사용 시기에 해당하는 지리 기호와 시대기호가 추가될 수 있을 것이다. 시대기호는 CC의 Chapter 3 time isolate에 제시되어 있는데 다음의 <표 6>과 같다.

<표 6> 시대구분표(Time isolate)

31 Isolate in [T]: Chronological Division

A	Before 9999 BC	K	1600 to 1699 AD
A1	Eozoic	L	1700 to 1799 AD
A2	Palaecozoic	M	1800 to 1899 AD
A3	Mesozoic	N	1900 to 1999 AD
A4	Cainozoic	P	2000 to 2099 AD
A5	Quarternary	Q	2100 to 2199 AD
		R	2200 to 2299 AD
B	9999 to 1000 BC	S	2300 to 2399 AD
C	999 to 1 BC	T	2400 to 2499 AD
D	1 to 999 AD	U	2500 to 2599 AD
		V	2600 to 2699 AD
E	1000 to 1099 AD	W	2700 to 2799 AD
F	1100 to 1199 AD	X	2800 to 2899 AD
G	1200 to 1299 AD	YA	2900 to 2999 AD
H	1300 to 1399 AD		
I	1400 to 1499 AD	YB	3000 to 3099 AD
J	1500 to 1599 AD	YC	3100 to 3199 AD

예를 들면 '앵글로인디언의 직업어'는 P111, 9J44, L이 된다. 여기에서 44는 인도, L은 18세기를 가리킨다. 이와 같이 지리기호와 시대기호는 컴마로 구분한다.

한편 자료의 주제를 이루는 언어의 상태(stage)는 Chronological device에 의해 결정된다. 예를 들면 '고대영어'는 P111, D, '현대 프랑스어'는 P122, H가 된다.

상태기호와 변형기호가 둘 모두 사용되는 경우에는, 상태기호가 먼저 와야 하며, 두 기호는 컴마로 구분된다. 예를 들면 현대 Yorkshire의 방언은 P111, J, 9D56175가 되는데, 여기에서 P111, J

는 현대영어의 상태기호, 9D는 방언을 나타내는 변형기호, 56175는 Yorkshire의 지리기호이다.

세 번째의 [P3]는 Element를 나타내게 된다. 이 엘리먼트 패싯에서 사용되는 기호는 제P장의 표에 의해 결정된다. 예를 들면 '현대영어의 명사'는 P111, J31(31은 망사를 가리킨다), '한국어의 동사'는 P495, 35(35는 동사)가 된다.

네 번째의 [E] 는 Problem을 나타낸다. 이 프라브럼 패싯에서 사용되는 기호도 역시 제P장의 표에 의해 결정된다. 예를 들면 '현대영어 품사론'은 P111, J: 75(75는 품사를 가리킨다), '한국어 통사론'은 P495: 3(3은 통사론)이 된다.

프라브럼기호가 '4'나 '5', '5'의 세목에 해당히고 요소기호가 '3'인 경우는 엘리먼트기호를 생략할 수 있다.

한편 일반 사전의 경우는 도서기호의 언어구분에서 의미가 설명된 언어를 표시하도록 하며, 둘 이상의 언어로 제시된 경우는 첫 번째 것을 표시하도록 한다. 예를 들면 '영한사전'을 영어사용권의 이용을 위해 분류한다면 P495: 4 111N83 (111은 도서기호의 일부로 사용된 영어를 가르치는 부분, N83은 1983을 의미하는 부분)이 된다.

또한 '비교연구'의 경우는 ': [G]'라는 기호를 추가하여 사용할 수 있으며, 필요한 경우에는 연대구분기호를 추가시킬 수도 있다. 예를 들면 19세기까지의 아시이어 비교연구'는 P4: [G]M (M은 19세기)이 된다.

이상의 기준에 따라 분류기호의 실례를 들어보면 다음과 같다.

1. P111: 7 영작문
2. P495, 9 한국어의 첫걸음
3. P6: (G) 아프리카어의 비교연구∝들여ㄱ끝

이상에서 살펴본 바와 같이 어학의 분류에 있어서 류번호 P와

Language isolates, 또는 지리구분기호, 언어변형기호(Chapter P. Linguistics)또는 언어 공통구분기호 및 시대구분 기호를 조합하여 분류번호를 구성하는 이른바 分析的合成式分類方式(Analytico-synthetic classification)은 합리적이라고 생각된다. 그러나 언어구분이 서구의 언어위주로 전개되어 있는데도 불구하고, 이들 언어의 분파어 등은 십진식으로 세분 전개함으로서 이들 언어 구분 기호자제의 자릿수만도 6자리(예: 110153, Low Frisian, 110155 old Frisian)까지 차지하는 경우가 있는 한편, 특히 동양어와 기타어의 방계어는 이들 언어구분 기호에 지리구분을 더 첨가 하도록 함으로서 조합된 분류번호가 지나치게 복잡하고 길어지게 되어있다. 그 원인은 분류번호의 분석합성의 기초가 되는 각각의 구분기호의 자릿수가 일관성이 없고, 여러 가지 기호를 혼합해서 사용했기 때문이다.

한편 언어구분 기호인 Language isolates는 서구의 언어를 위주로 전개했는데, 그 분파어들은 십진식으로 전개하고, 특히 동양어와 기타의 방계언어는 여기에 지리구분을 첨가하게 한 자제가 무원칙하고 논리에 맞지 않으며 일관성이 없다. 그리고 언어 공통구분이라고 볼 수 있는 chapter P Linguistics의 전개에 있어서도 A stage의 예시이기는 하나 전개가 서구어에 한한 것이며, 기타의 전개에 있어서도 지나치게 경직된 십진식 전개로 인해서 분류번호의 자릿수가 균형을 이루지 못하고 있다. 또한 시대구분기호는 BC 9999년 이전은 A로 하고, BC 9999년부터 BC 1000년까지 9000년간은 B로 하고, BC 999년부터 BC 1년까지 1000년간을 C, AD 1년부터 999년까지 1000년간을 D, AD 1000년부터 3199년 까지는 100년 단위로 E부터 X까지(0자는 제외하고)알파벳 대문자, 한자씩 그리고 YA, YB, YC의 기호를 주고 있는데, 만약 AD 999년 이전을 100년 단위로 표시할 필요가 있을 때는 그 기호 매김이 곤란하다.

B. 문학의 분류

CC의 문학의 분류기호는 소위 패싯배열공식(facet formula)에 의해 결정되는데, 문학의 패싯배열공식은 다음과 같다.

O[P], [P2][P3], [P4]

여기에서 O는 주류의 하나인 문학을 나타내기 위한 기호이다. 문학공통구분표는 <표 7>과 같다.

<표 7> 문학공통구분표

O[P], [P2][P3], [P4]

Foci in [P]
As the Language Divisions
in Chapter 5

Foci in [P2]

1	Poetry
2	Drama
3	Fiction, including short stories
4	Letters(literature written in the form of letters)
5	Oration
6	Other form of prose
7	Campu

Foci in [p3]

1	To be got by
2	For authors born later than 1800, if year of birth cannot be found out at all, (CD) to be worked only to one digit. Thereafter. (AD) may be used.

Foci in [P4]
see Rule in Chapter O of Part 1

첫 번째의 [P]는 language를 나타내게 된다. 이 언어패싯의 언어는 시인이나 극작가 등과 같은 저자가 자신의 작품을 쓰는데 사용한 언어를 가리키는 것이다. 이 언어패싯에서 사용하는 기호는 CC의 제5장에서 마련된 Schedule of language isolates에 의해 결정된다(전항의 어학분류참조). 예를 들면 '영어(English)'는 0111, '슐라브어(slav)'는 01441, '한국어'는 0495이다.

두 번째의 [P2]는 양식(form)을 나타내게 된다. 양식패싯의 초점이 되는 것은 그 자료에서 다루고 있는 문학양식이 된다. 양식 구분기호는 주류 "O Literature" 아래에 제시된 다음과 같은 표에 의해 결정된다. 예를 들면 시(peotry)는 1, 드라마는 2가 된다. 따라서 '영어시'의 분류기호는 0111, 1이 되며, '한국어소설'의 분류기호는 0495, 3이 된다.

세 번째의 [P3]은 Author롤 나타내게 된다. 시인, 소설가, 극작가 등의 저자를 나타내기 위한 저자기호는 Chronological device에 의해 결정된다. 바꾸어 말하면 저자명은 그 출생 년으로 표시되며, 따라서 저자기호는 CC의 제3장에 마련된 Schedule of time isolates와 일치하게 된다. 예를 들면 1670년에 출생한 작가는 K70, 1977년에 출생한 작가는 N77이 된다. 따라서 Shakespeare(1564년생)의 드라마의 분류기호는 0111, 2J64가 되며, 황석영(1943년생)의 소설은 0459, 3N43이 된다.

네 번째의 [P4]는 Work을 나타내게 된다. 어떤 저자의 저작수가 8을 넘지 않는 경우에는 저작기호는 1, 2, 3……8과 같이 일련번호로서 부여하게 된다. 또한 8종 이상에서 64종까지의 작품을 가지고 있는 경우에는, 그 저작들을 연대순으로 또는 그것이 불가능하면, 어떤 편리한 순서로 배열하고 이를 8종씩을 포함하는 8개의 그룹으로 구분하여 그 각 그룹에 1부터 8까지의 기호를 할당한다(이를 그룹기호라한다). 어떤 그룹에 속하는 저작의 저작기호는 이 그룹기호 다음에 각 그룹 내에서의 순서를 나타내는 기호가 추가되어 이루어지게 된다.

즉 저작기호는 두 자리로 구성되는데, 첫자리는 그 저작이 속하는 그
룹을, 둘째자리는 그 그룹 내에서의 순서를 의미하는 것이다.

그룹기호				저	작			
1.	1,	2,	3,	4,	5,	6,	7,	8
2.	9,	10,	11,	12,	13,	14,	15,	16
3.	17,	18,	19,	20,	21,	22,	23,	24
4.	25,	26,	27,	28,	29,	30,	31,	32
5.	33,	34,	35,	36,	37,	38,	39,	40
6.	41,	42,	43,	44,	45,	46,	47,	48
7.	49,	50,	51,	52,	53,	54,	55,	56
8.	57,	58,	59,	60,	61,	62,	63,	64

예를 들면 어떤 저자의 5번째 저작은 첫 번째 그룹에 속하며 그
그룹 내에서는 다섯째이므로, 저작기호는 15가 되며, 마찬가지로 55
번째 저작은 77이 된다.

저작의 66에서 512에 해당하는 경우에는 이 기호법을 확장한 세
자리의 기호로서 저작기호가 만들어질 것이다.

이상의 기준에 따라 분류기호의 실례를 들어보면 다음과 같다.

1. 0111, 2J64, 51 Shakespeare의 Hamlet(1564년에 탄생한
Shakespeare의 영어 드라마로, 그의 33번째 작품)

2. 0459, 3N43, 11 황석영의 객지(1943년에 탄생한 황석영의 한
국어소설로, 그의 첫 작품집)

3. 013, 1 그리스 시문학

한편 이와 같은 분류기호는 V(history) W(biography), X(works)
등과 같은 Common isolate와 결합하여 사용될 수 있다.

1. 0111, 2J64W: Life of Shakespeare

2. 0459, IX: 한국시선집

3. OV: 문학사

CC에 있어서 문학 분야의 분류는 기본적으로 문학의 류번호 O에 보조기호인 언어구분기호를 조합하고, 다음에 문학양식구분과 작가 구분기호로서 시대구분기호를 조합하게 되므로 문학 분야 분류에 있어서의 문제도 어학분야에 있어서의 문제와 대등하다. 그러나 문학 번호 O에 언어구분기호를 조합하는 경우 영어로 쓰인 미국문학은 0111이며, 캐나다문학이나 오스트렐리아 문학도 영어로 쓰인 경우는 0111이 된다. 따라서 이들을 영국문학과 구별하자면 여기에 지리 구분을 더하여 011173, 또는 011172로 하거나 073, 072로 해야 할 것이다.

Ⅲ. DDC의 어문학구분

A. 어학의 본류

1. 어학분류표의 변천

DDC에 있어서 어학의 분류표는 1876년 그 초판에 제시되었던 강·목(綱·目)의 골격이 1885년 제2판에서 상당한 변화가 있은 이후 100여년이 지난 현재의 20판까지도 제2판의 골격이 거의 그대로 유지되고 있으며, 다만 그동안 부분적으로 약간의 개정과 세분전개가 이루어진 셈이다. 그리하여 여기에서는 우선 초판과 제2판 사이에서 강·목이 변화된 사항을 살펴보고자 한다. 먼저 초판의 어학분야의 강·목은 다음 <표 8>과 같다.43)

---

43) Dewey, Melvil. *A Classification and Subject Index for Cataloguing and Arranging the Books and Pamphlets of a Library.* Mass, Amherst, 1876. p.17.

<표 8> DDC 초판의 어학 전개표

400	philology	428	Texts
401	Philosophy	429	Anglo-Saxon
402	Compends		
403	Dictionaries	430	German
404	Essays	431	Orthography
405	Periodicals	432	Etymology
406	Societies	433	Dictionaries
407	Education	434	synonyms
408	Universal	435	Grammar
409	History	436	Prosody
		437	Dialects
410	Comparative	438	Texts
411	Orthography	439	Dutch and Low German
412	Etymology		
413	Dictionaries	440	French
414	Phonology	441	Orthography
415	Grammar	442	Etymology
416	Prosody	443	Dictionaries
417	Inscriptions	444	Synonyms
418	Texts	445	Grammar
419	Hieroglyphics	446	Prosody
		447	Dialects
420	English	448	Texts
421	Orthography	449	Old French, Provensal
422	Etymology		
423	Dictionaries	450	Italian
424	Synonyms	451	Orthography
425	Grammar	452	Etymology
426	Prosody	453	Dictionaries
427	Dialects	454	Synonyms

455	Grammar	478	Texts
456	Prosody	479	Medieval Latin
457	Dialects		
458	Texts	480	Greek
459	Romansh and Wallachian	481	Orthography
		482	Etymology
460	Spanish	483	Dictionaries
461	Orthography	484	Synonyms
462	Etymology	485	Grammar
463	Dictionaries	486	Prosody
464	Synonyms	487	Dialects
465	Grammar	488	Texts
466	Prosody	489	Modern Greek
467	Dialects		
468	Texts	490	Other languages
469	Portuguese	491	Chinese
		492	Egyptian
470	Latin	493	Semitic
471	Orthography	494	Indian
472	Etymology	495	Iranian
473	Dictionaries	496	Keltic
474	Synonyms	497	Slavic
475	Grammar	498	Scandinavian
476	Prosody	499	Other
477	Dialects		

제2판에서는 400 어학 전제가 세분 전개되었다, 이것은 English philology에서 모든 어학분야에 적용될 수 있는 세분표를 마련하므로서 이루어졌다. 각 항목에 있어서 대부분의 끝번호의 범위가 바뀌었다. Dutch and Low German은 439에 Minor Teutonic이 되었고, Old French, Provencal은 449에 다만 Provencal로 되었으며, Medieval Latin은 459에 Minor Italic이 되었고, Modern Greek는 489에 Minor

Hellenic으로 바뀌었다. 490 other languages는 Minor Languages로 그 용어가 바뀌어 <표 9>와 같이 어족에 따라 재편되고 또한 세분 전개되었다.44)

<표 9> 제2판의 490 Other languages의 전개약표

1판		2판	
490	Other languages	490	Minor Languages
491	Chinese	491	Minor Indo European
492	Egyptian	492	Semitic
493	Sem1tic	493	Hamitic
494	Indian	494	Scythian. Ural-Altaic Turanian
495	Iranian	495	Eastern Asiatic. Chinese
496	Keltic	496	African
497	slavic	497	North American
498	Scandinavian	498	South American
499	Other	499	Malay-Polynesian and other

물론 어족에 의해서 군 별한 것은 훌륭한 착상이다. 주요 IndoEuropean 어족 바로 다음에 소수의 Indo-European어족을 배정한 것도 적절하다. 그러나 495부터 499까지의 어족은 900대의 대륙적(continental)배열을 따른 것이다. 이 배열은 논리적이라고는 할 수 없으나 실제적이다.45) 그러나 실제적인 것은 Dewey가 이론적인 일관성보다 더 중요시해 온 장점이다.

다음으로 그동안 변화된 사항을 살펴보면 우선 초판부터 11판까지 400의 류항목을 Philology라고 사용하던 용어가 12판부터 14판까지는 그가 독자적으로 주장해온 간이철자법(Spelling refom)에 따

---

44) Comaromi, John *Phillip. he Eighteen Editions of the Dewey Decimal Classification.* New York, Forest Press, 1976. pp.140-141.
45) *Ibid.,* p.141.

라서 Filology로 사용되었으며 이것이 15판(표준판)에서는 linguistics 라는 용어로 바뀌고, 다시 16판부터 현재의 20판까지는 language라 는 용어로 바뀌어 통용되고 있다.

둘째로 410은 초판부터 14판까지 Comparative라는 용어로 통용되 고 있다. 15판에서는 Comparative linguistics로 바뀌고, 16판 이후 20판까지는 그대로 Linguistics로 통용되고 있다.

셋째로 411은 초판부터 9판까지 Orthography로 쓰이던 것이 10판 부터 14판까지는 역시 M. Dewey의 독자적인 간이철자법에 따라 Orthografy Alfabets로 통용되다가 15판에서는 Writing으로, 또한 16 판에서는 Written language로, 18판에서는 Notations(Alphabets and ideographs)로, 19판에서는 그대로 Notations로, 20판에서는 Writing systems로 변경되었다.

넷째로 416은 초판부터 14판까지 Prosody로 일관되었으나 15판에 서는 이것이 삭제되었고, 16판에서는 다시 Prosody가 복구되어 18 판까지 통용되었으나 19판과 20판에서는 다시 삭제되었다.

다섯째로 419는 초판부터 11판가지 Hieroglgfics로, 12판부터 14판 까지는 Language communicated otherwise than by words or letters of an Alphabet로, 16판에서는 Nonverbal communication으로, 18판 에서는 Veral language not spoken or written으로 통용되고 있다.

여섯째로 490 Other languages에서 494 Scythian Turanian 495 Eontom Asiatisc, 499 Mlay-Polynesian and other는 모두 2판부터 14 판까지 그대로 통용 왔으나, 15판에는 494 Tunguzic, Mongolic, Turkic, Samoyed, Finnougric and Hyperborean languagse, 495 Sino-Tibetan, Japanese Korean Austro-Asiatic, 499 Austronesian으로 그 범위가 약간씩 바뀌고, 16자판에서는 494 Finno-Ugric, Turkic other, 495 Languages of East Asia, 499 Austronesian and other로 변 경되었으며, 18판에서는 494 Ural-Altaic, Paleo Siberian, Dravidian languages, 495 Languages of East and Sautheast Asia, Sino-Tibetan languages, 499 Other languages로 변경되었고, 19판에서는 18판과 내용은 같으나, 495만 Sino-Tibetan and other로 표현을 달리했으며, 20판에서는 499만 Miscellaneous languages로 그 용어를 달리하고 있다

이상에서 보는 바와 같이 490 Other languages 또는 Minor languages하에서 전개된 이른바 덜 사용되는 언어들은 그동안 그 대상과 범위 및 용어가 수없이 많이 변경되었음을 알 수 있다.

제2판 이후 11판까지는 어학분야에서는 주요한 변화가 없었고, 제12판 있어서 몇 가지 변화가 있었다. 419의 Hieroglyfics Language communicated otherwise than by words or lettrs of an Alfabet로 되었다. 423에서 처음으로 Lexicology이 Dictionaries, Idioms의 앞에 위치하게 되었다. 그리고 490에서 Languages 앞에, 머리의 minor가 other로 대치되었고, 493 Hamitic, 494 Scythian Ural-Altaic Turanian, 495 Asiatic, 496 African, 499 Malay-Polynesian and other에서 번호가 많이 세분되었다.

15판에서 philology는 이제 linguistics라는 용어로 바뀌고, 400에 있어서는 기타의 다음과 같은 변화가 있었다. 몇 가지 언어가 새로운 이름으로 대체되었고 또한 몇 가지 언어의 위치변동이 있었다. 예를 들면 전에는 492.49에 분류되었던 Yiddish는 이제 437.9로 재배치되었다. 그리고 어학(400)전반에 걸쳐서 세목에 있어서는 생략 또는 축소되어 14판에서 315항목이 15판에서는 187항목으로 41%이상이 재조정 배열되었다.

16판에서는 400이 그 명칭이 변경되었다. 400은 14판까지는 philology였는데, 15판에서는 linguistics로 바뀌었다가 이제 16판에서는 language로 바뀐 것이다. 이러한 400 류항목의 빈번한 명칭변경에 대해서 Comaromi에 의하면 "language가 philology 만큼 좋지는 않지만, linguistics 보다는 좋다"[46]고 지적한 바가 있다. Prosody가 808.1에서 416으로

---

46) Comaromi, John Phillip. *The Eighteen Editions of the Dewey Decimal Classification.* New York, Forest Press, 1976. p.514.

Language Communicated otherwise than by words letters of an Alphabet는 비교적 간략한 Nonverbal communication으로 되었다. 400에서는 비록 몇 개의 표목의 변경과 상당한 세분전개가 있었는데 이들을 비교해 보면 <표 10>과 같다.

<표 10> 14판과 15판의 어학의 용어비교

	<14판>	<15판>
411	Orthografy, Orthoepy Alfalbets	Writing
412	Etymology Derivation	Etymology Semantics
413	Lexicografy	Lexicography
	Lexicology	
414	Phonology	Phonology
	Visible speech Natural laws	
	of language	
415	Grammar	Grammar
	Morfology	Morphology
	Syntax	Syntax
416	Prosody	Recommended to 808.1
417-419	Same	Same

400에서 세분된 사항을 보면, 15판에서 188항목이던 것이 16판에서는 324항목으로 136항목이나 증가되었다. 그러나 400대 전체를 통해서의 변화는 대체로 사소한 것이었다. 15판에서 독일어로 편입되었던 Yiddish가 437.9에서 다시 492. 49로 환원되었다.

17판에서 400대는 주요한 변화와 개선이 이루어졌다. 410-419항목이 이제까지 Linguistics 쪽으로 이끌어 가던 그 초점을 바꾸었다. 415 Grammar는 Structural systems이 되었다. 417 Inscription and paleography는 그 용어와 그 의미부분을 Dialectology and Paleography로 바뀌었다. 418 Text는 Usage: applied linguistics로 쓰이고, 424는 이제 공백으로 남아있고, Synonyms, Antonyms, Homonyms는

그 주제 때문에 다른 번호로 변경시켰다. 418과 428에 병행해서 Textbooks for learning the language는 standard English usage가 되었다. 번호의 구조는 같지만, 그러나 이제는 언어를 배우는 비교과서 형태를 위한 자리가 마련되어 있다. 400대에 걸쳐 여타에도 상당한 개정이 있었으며, 세분 전개된 곳이 있어서 16판에서 400의 항목이 324항목이던 것이 17판에서는 369항목으로 45항목이 증가한 셈이다.

18판의 400대에 있어서는 몇 개의 새로운 번호와 주기가 설정되었다. 그러나 가장 중요한 새로운 발전은 다음과 같은 Table 4 Subdivisions of individual languages <표 11>과 같은데, 이것은 Table 3과 같이 본 표에 주어진 언어에 대한 하나의 기본번호에 대해서 한 언어적인 측면을 추가함으로서 번호들을 합성하기 위해서 마련된 것이다.

<표 11> 개별극어의 세분표(subdivisions of individual languages)

-01-09, Standard subdvisions		-3	Dictionaries of the standard form of the language
-1	Written and spoken codes of the standard form of language	-31	Specialized
-11	Notation	132 39	Bilingual
-15	Phonlogy	-5	Structuarl system(grammer)of the standard form of the language
-152	Spelling and Pronunciation	-6	Prosody of the standard form of the language
-16	Intonation	-6	Prosody of the standard form of the language
-17	Paleography	-7	Nonstandard form of the language
-2	Etylmology of the standard form of the language	-8	Standard usage of the language
-24	Foreign elements	-802	Translation to and from other language

-81	Words	-842	Remdial reading
-82	Structural approach to expression	-843	Developmental reading
-824	For those whose native language is different	-86	Readers
-83	Audio-lingual approach to expression	-862	Remdial
-84	Reading	-864	For those whose native language is different

Table 4 개별국어 세분표는 하나의 특정한 언어에 관한 연구의 다양한 영역 즉 문법, 어원, 사전 등에 있어서의 저작을 위한 번호 들을 조합하기 위한 수단을 마련한 것이다.

14판에서도 개별국어를 위한 표가 있었으나, 그것은 분류된 것이 아 니라 알파벳순이었다.

14판은 역시 그 분류표에 열거된 언어에 대한 언어와 문학의 알 파벳순 번호표가 있었다. 그러나 그 표는 18판의 Table 3과 4에서처 럼 분류번호가 조합되는 것이 허용되지 않았다. 새로운 조합의 여력 으로써 420과 같은 구분(Divide-like 420)은 어느 언어에서나 대치 되었다. -81에서 하나의 용어변화가 생겨서 이것이 이제는spelling, punctuation 대신에 word가 되었다.

Table 6 언어(languages)는 새로 마련된 것이며, 번호 매김에 있 어서 하나의 재배치는 아니지만, 주요한 변화가 포함되어 있다. 본래 -2였던 English가 -21이 되었고, French는 -41 등 모든 주요한 언어 에 대해서도 마찬가지다. -56 Sardinian과 -68 Papiamento와 같은 언어에 대해서 처음으로 번호가 마련되었다.

19판에서는 400대 전반에 걸쳐서 특별한 변화는 없었다. 다만 400 대 전체에 관한 주기와 420-490에서의 주기가 좀 더 구체적으로 상술 되었고, 496 African languages에서 496.9에 배정되었던 Commercial languages가 삭제되었으며, 497의 American aboriginal languages라는 용어가 North American native languages로 바뀌었고, 498의 south American aboriginal languages라는 용어가 South American native languages로 바뀌었을 뿐이다. 19판에서는 개별국어의 세분표도 부분적인 약간의 수정이 있을 뿐 변화가 없다.

20판에 있어서는 400대에 있어서 19판과 20판 사이에는 분류번호 변경은 적으나 용어변화가 비교적 많았고, 세목에서 새로 배정된 분류번호가 상당수 있다. 예를 들면 401.3에서 universal languages가 international Ianguages로 바뀌었고, 401.4에 languages and communication, 401.41에 semiotics, 401.43에 semantics, 401.51에 mathematical principles, 401.93에 language acquisition이 새로 추가 배정되었다. 407에서 study and teaching이 education, research, related topics으로 바뀌고, 408에서 treatment of language among groups of persons가 treatment of language with respect to kinds of persons로 바뀌었으며, 408.9에 treatment of language with respect to specific racial, ethnic national groups가 새로 추가되었다. 409에서는 historical and geographical treatment가 georgraphical and perrsons treatment로 용어가 바뀌었다. 410.1-9에서는 standard subdivisions of linguistics이 새로 지시되었고, 411에서 Notations가 Writing systems로 용어가 바뀌었으며, 417.7에 있었던 Paleography가 411.7로 옮겨졌다. 413에서 Polyglot dictionaries이 그대로 Dictionaries로 간소화되었고, 그 대신 413,2-9에 Polyglot dictionaries with entry words or definitions in only one language가 추가 배정되어 기본번호 413에 Table 6에서 2-9를 첨가하도록 되어 있다. 414.6에는 Suprasegmental features가 추가되었다. 417 Dialectology and paleography가 Historical linguistics로 용어가 바뀌었고, 417.22에 Pidgfins and Creoles가 추가되었다. 418 Usage가 standard usage로 바뀌고, 418.4에 Reading이 추가되었다. 421 Written and spoken codes of standard English가

Writing systems and phonology of standard English로 그 용어가 바꾸었고, 동시에 독·불 등의 모든 나라의 언어가 모두 이와 같은 표현으로 바뀌었으며, 421.5에 있던 Phonlogy가 삭제되었다. 427 Nonstandard English가 Historical and geographical variations, variations, Modern nongeographical variations으로 용어가 변경되었고, 동시에 437, 447, 457 등에서 모두 이와 같은 표현으로 일률적으로 바뀌었다. 487 Postclassical Greek가 Preclassical and postclassical Greek로 보완되었고, 487.1에 Preclassical Greek, 487.3에는 Postclassical Greek로 각각 세분 추가되었다. 491.593에 Pamir(Galcha) languages Pashto(Afghan)가 추가 배정되었고, 493의 Other languages는 Nonaustronesian languages of Oceania, Austronesian languagues, Miscellaneous languages로 그 표현이 대폭 변경되었다.

20판에 있어서 Table 4 개별국어 세분표는 몇 가지 새로운 번호가 새로 배정되었고, 용어가 변경된 항목이 두 가지가 있다. 예를 들면 새로 배정된 항목 은, -014 Language(teminology) and communication, -0141 Semiotics, -0143 Techniques, Procedures, Apparatus, Equipment, Materials 등이며, -11의 Notation이 writing systems으로, -16 Intonation 이 Suprasegmental features로 각각 용어가 변경되었다.

2. 어학분류표의 전개

DDC 20판을 기준으로 해서 보면 어학은 우선 제1위에는 언어학을 배정하고 2위부터는 다음과 같이 영어를 비롯해서 독일어·불어 등 서방세계의 언어를 8위까지 순차적으로 배정하고 9위에는 기타 제국어를 배정하고 있다. 그 내용은 다음 <표 12>와 같다.

<표 12> 20판의 어학의 강(divisions)표

400	Language
410	Linguistics
420	English & Old English
430	Germanic languages German
440	Romance languages French
450	Italian Romanian Rhaeto-Roman
460	Spanish & Portuguese languages
470	Italic lang Latin
480	Hellenic Classical Greek
490	Other languages

한편 마지막의 9위에 있는 기타 제국어는 여기에 속하는 제국어를 다시 십진식으로 다음과 같이 1부터 8까지 전개하고 마지막의 9위에는 또 다시 Miscellanous(Other)languages가 <표 13> 과 같이 전개되어 있다.

<표 13> 20판의 490 기타 제국어

490	Other languages
491	East Indo-European & Celtic languages
492	Afro-Asiatic languages Semitic
493	Non-Semitic Afro-Asiatic languages
494	Ural-Altaic Paleosiberian Dravidian
495	Languages of East & Southeast Asia
496	African languages
497	North American native languages
498	South American native languages
499	Miscellaneous languages

다음 제2단계로는 어학의 총류격인 400에서는 01부터 09까지 standard subdivisions에 따라 전개하고 410은 Linguistics를 배정하고(이 논문

에서는 논외로 함) 420 영어부터 480 고전 희랍어까지는 다음 <표
14>와 같은 각국어세분표에 따라 모두 동일하게 전개하고 있다.

<표 14> 각 국어세분표 개요

-01-09	Standard subdivisions
-1	Writing systems and phonology of the standard form of the language
-2	Etymology of the standard form of the language
-3	Dictionaries of the standard form of the language
-5	Structural system(grammar) of the standard from of the language
-7	Historical and geogarphical variations, modern nongcographical variations
-8	Standard usage of the language(Prescriptive linguistics) Applied linguistics

Dewey는 언어류에서 언어의 일반적 이론측면을 다룬 자료와 특
정 언어를 다룬 자료의 두 가지 종류의 자료가 있을 수 있음을 인식
하고, 일반적 이론면을 다룬 자료의 항목을 앞에 배정하고 특정 언
어를 대상으로 한 자료를 420-490대에 걸쳐 배정하였다.[47]

그런데 개발언어에 대한 연구는 언어는 상이하더라도 유사한 연구
영역을 갖게 되므로, 410대 일반적 이론면의 항목세분을 채용하여
개별언어를 세분하도록 하였는데, 개별언어 아래에서마다 열거하는
대신언어 공통구분표로 작성하여 개별언어에 조합하도록 하고 있다.

언어 공통구분표는 420-490대에 걸쳐 일정한 의미로 조합되므로,
(DDC일정적 조기성기호 가운데 대표적인 것이라고 할 수 있으며)
모든 주제에 일반적으로 적용하기 위한 보조표가 아니고 언어류의

---

47) Osborn, J. *Dewey Decimal Classification, 19th Edition: A Study Manual.*
   Littleton, Libraries Unlimited Co., 1982. p.212.

세분을 위한 항목을 보조표로 작성한 것이다.

이상과 같은 방법으로 전개된 제2의 약표는 다음 <표 15>와 같다.

<표 15> 20판의 어학요약표

400 Language	424
401 Philosophy & theory	425 English grmmar
402 Miscellany	426
403 Dictionaries & encyclopedias	427 English language variations
404 Special topics	428 Standard English usage
405 Serial publications	429 Old English(Anglo-Saxon)
406 Organizations & management	
407 Education, research, related topics	430 Germanic Languages German
408 With respect to kinds of persons	431 German writing system & phonology
409 Geographical & persons treatment	432 German etymology
	433 German dictionaries
410 Linguistics	434
411 Writing systems	435 German grammar
412 Etymology	436
413 Dictionaries	437 German language variations
414 Phonology	438 Standard German usage
415 Strictiral systems(Grammar)	439 Other Germanic languages
416	
417 Dialectology & historical linguistics	440 Romance Languages
418 Standard usage Applied linguistics	441 French writing system & phonology
419 Verbal language not spoken or written	442 French etymology
	443 French dictionaries
420 English & Old English	444
421 English writing system & phonology	445 French grammar
422 English etymology	446
423 English dictionaries	447 Standard French usage

448	Standard French usage	474	
449	Provencal Catalan	475	Classical Latin grammar
		476	
450	Italian, Romanian, Rhaeto-Romanic	477	Old, Postclassical, Vulgar Latin
451	Italian writing system & phonolog	478	Classical Latin usage
452	Italian etymology	479	Other Italic Languages
453	Italian dictionaries		
454		480	Hellenic Languages Classical Greek
455	Italian grammar	481	Classical Greek writing & phonology
456		482	Classical Greek etymology
457	Italian language variations	483	Classical Greek dictionaries
458	Standard Italian usage	484	
459	Romanian & Rhaeto-Romanic	485	Classical Greek grammar
		486	
460	Spanish & Portuguese Languages	487	Preclassical & postclassical Greek
461	Spanish writing system & phonology	488	Classical Greek usage
462	Spanish etymology	489	Other Hellenic languages
463	Spanish dictionaries		
464		490	Other Languages
465	Spanish grammar	491	East Indo-European & Celtic languages
466		492	Afro-Asiatic languages Semitic
467	Spanish language variations	493	Non-Semitic Afro-Astatic Languages
468	Standard Spanish usage	494	Ural-Sltaic, Paleosiberian, Dravidian
469	Portuguese	495	Languages of East & southeast Asia
		496	African languages
470	Italic Languages Latin	497	North American native languages
471	Classical Latin writing & phonology	498	South American native languages
472	Classical Latin etymology	499	Miscellaneous languages
473	Classical Latin dictionaries		

한편 이상의 표에서 보는 바와 같이 420 English & Old English에서부터 480 Hellenic languages까지는 각 국어세분표에 따라 각각 전개된 다음의 마지막 9는 각 국어 세분표에 따른 번호가 아니라, 이것은 별도의 번호로서 429는 Old English, 439는 Other Germanic languages, 449는 불어에서 파생된 Provencal Catalan, 459는 이태리어의 파생어인 Romanic & Rhaeto-Romanic, 469는 스페인어의 파생어인 Portuguese, 479는 라틴어계의 Other Italic languages, 489는 그리스어계의 Other Hellenic languages, 499는 기타 제국어 중의 Miscellaneous languages로 배정되어 있다. 다시 말하면 모든 언어를 1부터 8까지는 각 국어세분표에 따라 전개하고, 9에는 그 항목에 관계된 여타의 사항을 그 수의 많고 적음을 불문하고 몰아서 배정하고 있는 것이다. 그리하여 예를 들면 439의 기타 게르만 어에서 다시 전개된 언어는 다음 <표 16>과 같이 1부터 9까지 9가지나 되도록 배정한 것이다.

<표 16> 439(Other Germanic Teutonic languages)의 전개표

.1	Old Low Germanic languages
.2	Frisian
.3	Netherlandish languages
.4	Low German(Plattdeutsch)
.5	Scandinavian(North Germanic) languages
.6	West scandinavian languages Old Norse(Old Icelandic)
.7	Swedish
.8	Danish and Norwegian
.9	East Germanic Languages

이들 중에서도 439.3의 Netherlandish languages에는 Dutch와 Afrikaans가 포함되어 있고, 439.9 East Germanic languages에는 Burgundian, Gothic, Vandalic 등이 포함되어 있다. 또한 491, 492의 Afro-Asiatic(Hamito-Semitic) languages, Semitic languages, 495 Langu-

ages of East and Southeast Asia, Sinotibtan languages는 다시 주요언어
를 다음과 같이 세분하고, 494 Ural-Altaic, Paleosiberian(Hyperborean),
Dravidian languages). 496의 African languages, 497의 North American
native languages, 498의 South American native languages, 499의
Nonaustronesian languages of Oceania, Austronesian languages, Misce-
llaneous languages는 이들 기초번호에 언어세분번호(Table 6. lang-
uages)를 적용하도록 지시하고 있다.

3. 각국어세분표(T6. Languages)

이상에서 말한 바와 같이 각 국어에 대한 세분표가 본 표에 전개
되어 있는데도 불구하고 국어구분표는 독립된 보조표로는 18판에서
처음으로 도입되었는데, 이를 통해서 특정한 집단에 속하지 않는 언
어를 구분해 줄 수 있게 되었다.[48] 18판의 본 표와 보조표의 39개
항목에서 국어구분표를 채용하였고,[49] 19판에서 50여개, 20판에서도
54여개 항목에서 국어구분표를 조합하도록 지시하고 있다. 국어구분
표는 언어의 구분이라는 제한된 성격에도 기인하겠으나, 지리와 시
대구분 등 다른 공통구분개념과 같이 지시되지 않은 항목에서 분류
자가 임의로 조합할 수 있는 방안이 없다.

국어구분표는 언어류의 국어구분에 기초했음을[50] 알 수 있고, 본 표
와 일치하는 일정적조기법을 볼 수 있다. 그러나 반드시 언어류의 국
어구분이나 문학류의 국어구분과 일치하는 것은 아니다. 따라서 DDC

48) Raju, A. A. N. "A Study of Auxiliary Schedules in DDC." *Herald of library Science*, 17(1978). pp.3-12.

49) Dhyani, P. "DDC 18: Criticai Appraisal of some Auxiliary Tables." *International Library Review*, 9(1977), p.181.

50) Osborn, J. *Decimal Classification, 19th Edition: A Study Manual*. Littleton, Libraries Unlimited C., 1982. p.130.

국어구분은 언어류의 420-490대에 전개된 것, 문학류의 810-890대에 전개된 것, 그리고 별도의 보조표로 작성되어 있는 국어구분표의 세 가지가 있으며, 국어구분표의 앞의 서술에서 볼 수 있듯이 위 세 가지 국어구분이 정확히 일치하지는 않는다. 그런데 세 개의 국어구분이 큰 차이가 없음에도 불구하고 많은 노력을 들여 작성해 놓은 보조표로서의 국어구분표를 문학, 어학에서 채용하지 않고 큰 차이가 없는 별도의 국어구분을 제공하는 것은 각 주제의 특성에 맞는 국어구분을 하기 위한 것이라 여겨진다. 그러나 여기에서는 편의상 각국어세분표(Table 6 Languages)의 개요만을 제시하면 다음 <표 17>과 같다.

<표 17> 각국어구분표(T6. Languages)의 약표

-1	Indo-European(Indo-Germanic) Languages
-2	English and Old English(Anglo-Saxon)
-21	English
-219	Middle English
-29	Old English(Anglo-Saxon)
-3	Germanic(Teutonic) Languages
-31	German
-32	Franconian Dialect
-33	Swabian Dialect
-34	Alsatian Dialect
-35	Swiss-German Dialect
-37	Yiddish(Judeo-German)
-38	Pennsylvania Dutch(Pennsylvania German)
-39	Other Germanic languages
-391	Old Law Germanic languages
-392	Frisian
-393	Netherlandish languages

-394	Low German(Plattdeutsch)
-395	Scandinavian(North Germanic)
-396	West Scandinavian languages
-397	Swedish
-398	Danish and Norwegian
-399	East Germanic languages
-4	Romance languages
-41	French
-49	Provencal and Catalan
-491	Provencal
-499	Catalan
-5	Italian, Romanian, Rhaeto-Romanic
-51	Italian
-56	Sardinian
-57	Dalmatian(Vegliote)
-59	Romanian and Rhaeto-Romanic
-591	Romanian
-599	Rhaete-Romanic languages
-6	Spanish and Portuguese
-61	Spanish
-67	Judeo-Spanish(Ladino)
-67	Papiamento
-69	Portuguese
-7	Italic languages
-71	Latin
-79	Other Italic languages
-794	Latinian languages other than Latin
-799	Osco-Umbrian languages

-94	Ural-Altaic, Paleosiberian(Hyperborean), Dravidian languages
-941	Tugusic languages
-942	Mongolic languages
-943	Turkio(Turdo-Tatar) languages
-944	Samoyedic languages
-945	Finno-Ugric languages
-946	Paleosiberian(Hyperborean) languages
-948	Dravidian languages
-95	Languages of East and Southeast Asia Sino-Tibetan languages
-951	Chinese
-954	Tibeto-Burman languages
-956	Japanese
-957	Korean
-958	Burmese
-959	Miscellaneous languages of South east Asia; Munda languages
-96	African languages
-961	Macro-Khoisan languages
-963	Niger-Congo and Kordofanian languages
-965	Nilo-Saharan languages
-97	North American native languages
-971	Inuit-Aleut languages
-972	Na-Debe languages
-973	Macro-Algonkian languages
-974	Macro-Penutian languages
-975	Hokan and siouan languages
-976	Macro-Otomanguean languages
-978	Misumalpan and other Macro-Chibchan languages of North America
-979	Other North and Middle America languages
-98	South American native languages
-982	Macro-Chibchan languages
-983	Andean-Equatorial languages
-99	Nonaustronesian languages of Oceania
	Austronesian languages, Miscellaneous languages

-992	Malay languages
-993	Malagasy
-994	Polynesian languages
-995	Austronesia languages
-999	Miscellaneous languages

위 <표 17> 각 국의 국어구분표에서 보는 바와 같이 이 세분표는 다만 490 Other languages 만은 4자리 수(세목의 자리) 이하까지도 본 표와 각 국어세분표가 일치하도록 하고 있는데 비하여, 420 English부터 480 Hellenic languages까지는 두 자릿수, 즉 강의 자리까지만 일치하도록 하고 세 자리 수, 즉 목의 자리부터는 그 세목에 이르기까지 각 국어 세분표가 본 표보다 더욱 세분되어 있다.

물론 이 각 국어세분표는 어학이외의 다른 분야에도 널리 적용되는 것으로서 본 표의 국어구분표와 각 국어세분표가 일치하는 것이 특히 조기성을 위해서 바람직한 것이나 여기에서 괴리가 생긴 것이다. 다만 이 양자간에 그 골격만이라도 조기성을 유지하도록 하기 위해서 강의 자리까지 일치시킨 것은 어학분야의 분류표의 전면 개정을 피하기 위한 부득이한 차선책으로 보인다.

각 국어세분표(T6. language)의 주기를 보면 다음과 같이 기술되어 있다.

이 기호는 결코 단독으로 사용되지 못하며, 분류 자가 Table 6으로부터의 기호를 부가하도록 지시된 본 표와 기타의 보조표에서의 번호와 함께 사용된다: 즉 네덜란드어(Dutch. 3931)로 번역된 성경(220.5): 220.53931: 스페인어(-61)가 주로 많이 쓰이는 지역 (Table 2의 기호 175): 175.61. 본 표에서 하나의 번호를 부가할 경우에는 항상 그 완성된 번호의 셋째자리와 넷째자리의 사이에 하나의 점을 삽입한다.

하나의 현대 언어 가운데 고대 언어나 중세어를 위한 특별한 번호가 마련되어 있지 않으면 이 방언은 그 언어로 분류한다. 즉 American English dialects는 -21, 그러나 Swiss-German dialects는 -35이다.

하나의 Pidgin이나 Creole를 위하여 특정한 번호가 마련되어 있지 않으면 다른 원어의 어휘보다 더 많은 어휘를 가진 원어로 분류한다: 즉 Haitian creole는 -41, 그러나 Papiamento는 -68이다.

이 표에 있는 번호는 420-490 그리고 810-890에는 각 국어를 위해서 사용된 번호와 꼭 일치할 필요는 없다. 예를 들면 420-490에 있는 영어를 위한 기초 번호는 비록 42이지만 이 Table 6에 있는 영어를 위한 번호는 -2가 아니라 -21이다.[51]

이상과 같이 DDC에서는 세계의 모든 언어를 최초에는 이들을 2부터 9까지 겨우 8가지로 구분하고, 9에서 다시 십진식으로 9까지 구분하고, 여기에 또다시 연속적으로 십진식으로 구분했기 때문에 최초의 2부터 8까지는 한 자릿수, 두 번째의 9까지는 두 자릿수, 세 번째의 9까지는 세 자릿수가 되어 예를 들면 -9 other languages에서는 7자리 수까지 전개된 부분도 6개 국어나 된다.

세계의 모든 언어를 어떠한 체계에 따라 구분하던 그 종류는 수천 종류도 남는데도 불구하고, 최초에 8가지로 구분하기 시작하여 무의미한 계층구조(hierarchy)를 두어 십진식으로 구분했기 때문에 분류번호의 자릿수가 불균형하게 되었다. 예를 들면 English는 한 자릿수 -2인데 French는 두 자릿수 -41이고, Miscellaneous languages 중에서 중국어나 한국어는 세 자릿수 -951, -957이며, Ruanda나 Rundi 등은 일곱 자릿수 -9639461, -9639465가 된다.

---

51) Dewey, M. *Dewey Decimal Classification and Relative Index*, 20th ed. New York, Forest Press, 1989. Vol. 1. p.438.

B. 문학의 분류

1. 문학분류표의 변천

a. 綱·目의 변화

어학의 경우와 마찬가지로 DDC에 있어서 문학의 분류부문도 1876년 그 초판에 제시되었던 강·목의 골격이 1885년 제2판에서 상당한 변화가 있은 이후 100여년이 지난 현재의 20판까지도 제2판의 골격이 그대로 유지되고 있으며, 다만 그동안 부분적으로 약간의 개정과 세분전개가 이루어진 셈이다. 그리하여 여기에서는 우선 초판과 제2판 사이에서 강·목이 변화된 사항을 살펴보고자 한다. 먼저 초판의 문학 분야의 강·목은 다음 <표 18>과 같다.52)

<표 18> 초판의 문학 전개표

800	Literature	811	Poetry
801	Philosophy	812	Drama
802	Compends	813	Romance
802	Dictionaries	814	Essays
804	Essays	815	Rhetoric and Orator
805	Periodicals	816	Letters
806	Societies	817	Satire
807		818	Humor
808		819	Miscellany
809	History		
		820	English Literature
810	Treatises and Collections	821	〃 Poetry

---

52) Dewey, Melvil. *A Classification and Subject Index for Cataloging and Arranging the Books and Pamphlets of a Library.* Mass, Amherst. 1876. p.21.

822	〃	Drama	853	〃	Romance
823	〃	Romance	854	〃	Essays
824	〃	Essays	855	〃	Rhetoric
825	〃	Oratory	856	〃	Letters
826	〃	Letters	857	〃	Satire
827	〃	Satire	858	〃	Humor
828	〃	Humor	859	〃	Miscellany
829	〃	Miscellany			
			860		Spanish Literature
830		German Literature	861	〃	Poetry
831	〃	Poetry	862	〃	Drama
832	〃	Drama	863	〃	Romance
833	〃	Rhetoric and Oratory	864	〃	Essays
834	〃	Essays	865	〃	Rhetoric
835	〃	Rhetoric and oratory	866	〃	Letters
836	〃	Letters	867	〃	Satire
837	〃	Satire	868	〃	Humor
838	〃	Humor	869	〃	Miscellany
839	〃	Miscellany			
			870		Latin Literature
840		French Literature	871	〃	Poetry
841	〃	Poetry	872		Dramatic
842	〃	Drama	873		Epic
843	〃	Romance	874		Lyric
844	〃	Essays	875	〃	Oratory
845	〃	Rhetoric and Oratory	876	〃	Letters
846	〃	Letters	877	〃	Satire
847	〃	Satire	878	〃	Philosophy
848	〃	Humor	879	〃	History
849	〃	Miscellany			
			880		Greek Literature
850		Italian Literature	881	〃	Poetry
851	〃	Poetry	882		Dramatic
852	〃	Drama	883		Epic

884		Lyric	892		Egyptian
885	〃	Oratory	893		Semitic
886	〃	Letters	894		Indian
887	〃	Humor	895		Iranian
888	〃	Philosophy	896		Keltic
889	〃	History	897		Slavic
			898		Schadinavian
890		Other languages	899		Other
891		Chinese			

제2판의 가장 현저한 사항은 전체표의 162페이지 중에서 4분의 1에 달하는 문학 분야의 세분전개였다. Comaromi에 의하면 분망한 것은 "Dewey는 여러 국가의 문학 권위자들에게 그들 각 나라의 가장 유명한 작가들을 시대별로 그리고 희곡, 시, 혹은 소설 등과 같은 문학양식 별로 열거해 주도록 요청했다. 그들의 과제를 수락한 권위자들에게 그들의 특별한 전공 가운데 유일한 공적을 세상에 밝히도록 분명히 조치했다. 만약 사서들이 미리 그것을 알지 못했다면, 사서들은 Mercy Warren과 Thomas Gadfrey가 식민지 시대의 미국의 희곡에 있어서의 주도적 인물이었고, 1600-1700년의 공화국 시대부터 주요한 네덜란드의 희곡작가들은 Gertbrand Adriaenszoon Bredero와 Corneliszoon Hooft였고, 1375년까지 Fra Domenico Cavalca와 Fra Jacopo Passavanti는 초기의 이태리인 중에서 가장 훌륭한 수필가로 생각되었으며, Tyrtaeus가 그리스의 서정시를 썼다는 것을 이제 DDC에서 배웠을 것이다"53)라고 말한 바 있다. 이러한 것에 대해 문학에 관련되는 한 제2판의 표제지에 대한 제명(題名: motto)은 '분류하는 것을 배우는 것이 교육 그 자체(to learn to classify is itself an education)이다'라는 사실이다.54)

---

53) Comaromi, John Phillip. *The Eighteen Editions of the Dewey Decimal Classification.* New York, Forest Press, 1976. pp.149-150.
54) *Ibid.,* p.50.

또한 Comaromi에 의하면, "위에서 논급된 모든 개개인의 작가와 기타의 많은 작가들에 대해서 번호를 매기는 것은 의문의 여지가 있다, 만약 그들이 이미 항상 그렇게 되어있지 않았다면, 사서들은 DDC가 지금 권장하고 있는 아주 수사적인 시스템을 채용하기보다는, 차라리 각각의 문학양식이나 혹은 심지어는 각각 문학 하에서 Cutter번호에 의해 문학이 배열될 것이다(도서관에 따라서는 시대구분을 하지 않고, 하나의 문학양식에서 작가의 알파벳순으로 배열하게 된다). Dewey는 학문적인 태도가 상대적이라는 것은 깨닫지 못하고 잘해야 하나의 시나 희곡을 쓴 바 있는 모든 개인에게 실제로 번호를 부여하는 것이 하나의 학구적인 수련이라는 것을 생각하지 못한 것처럼 보인다"[55]고 평가하고 있다.

이러한 세분전개에 겸해서 문학류 대부분을 통해서 상당한 변화가 있었다. 초판에 공백으로 있었던 808항목이 810-819 Treatises and collections의 모든 항목을 받아 들였다. 그리하여 810-819의 항목은 초판에서는 방치되었던 자리가 자유롭게 마련되었다. 817로 옮겨졌고, 자유롭게 마련되었다. Humor가 Satire와 결합되도록 818에 그리고 이 결합이 모든 문학에 공통되도록 했다. 그리하여 Miscellany는 Humor의 자리를 차지해서 문학의 마지막 항목이 되었다. 이들 번호가 부여된 문학들은 400대에 있는 동일한 위치에 매겨진 언어와 일치하도록 했다. 마찬가지로 Minor languages의 문학도 490의 덜 중요한 언어와 동일한 순서로 자리를 배정하였다. 대체로 이러한 변화가 그 개선점이었다. 초판은 문학을 언어학적인 관점에 중점을 둔 반면, 제2판에서는 국가에 의한 배열을 허용했다는 점에 주시해야 한다.

---

55) *Loc, cit.*

b. 12판 이후의 전개

제2판 이후 11판까지는 문학 분야에 있어서도 주요한 변화가 없었고, 제12판에 있어서도 문학 분야는 몇몇 미국작가와 영국작가를 추가시킨 것 외에는 실제로 변화되지 않았다. 처음으로 번호를 받은 작가는 예를 들면 811.47에 Sidney Lanior, 811.48에 Richard Watson Gilder, 814.44에 Brander Matthews, 그리고 817.47에 Edgar Wilson Nye(Bill Nye)이다. 804에는 길고도 명쾌한 주기가 이에 속하는 여러 가지 수필을 설명해 주었고, 808.8에서는 새로운 표목, Collections from several literatures가 추가되었다. 808과 809의 전개는 이후의 판본에서 상당한 영향을 미치게 되었다.

13판에서는 문학 분야에 있어서 주요한 변화가 없었고, 14판에서는 808과 809의 항목이 계속 전개되었다. 방언문학과 지역적인 색채가 두드러진 문학을 다루기 위해서, 818과 828에서 주요한 전개가 이루어졌다. 현재까지 공백으로 남아 있던 819항목은 14판에서는 Canadian English literature로 사용되게 되었다.

"스페인방언문학과 지방문학인 868.99항목은 그 기능이 스페인문학에 있어서 미국문학과 영문학인 818과 828의 기능과 동일한 새로운 번호이다. 기타의 국제적인 수준의 문학은 그 중에서 불란서 문학이 확실히 그럴 만하지만 이와 유사한 취급을 받지 못하였다."56)

15판에서는 808항목이 확장되어 이 분류표의 다른 곳에서 자료를 끌어들이게 되는 한편 809는 축소되었다. 810 American literature는 이제 하나의 주기와 몇 개의 문장을 수정한 것 이상의 것은 없고, 개별 작가의 번호가 삭제되었다. Yiddish literature는 892.49의 기타 제국어의 문학과 함께 분류되는 것이 아니라 838.99의 독일문학과 함께 분류되었다. 890대는 대부분 490대와 같이 전개되었다.

---

56) Comaromi, John Phillip. *The Eighteen Editions of the Dewey Decimal Classification.* New York, Forest Press, 1976. p.375.

16판에서는 810대가 그 개요에 있어서 원상태로 회복되었다. 또한 Miscellany literature의 항목이 축소되었다. 14판에서 제2류로 표현되었던 개개의 문학가들의 이름과 15판에서 다만 몇 사람으로 줄어들었던 인명들이 이제는 완전히 사라졌다. 그러나 문학 분야의 전체 항목 수는 15판에서는 285항목인데 비하여 16판에서는 302항목으로 17항목이 더 전개된 셈이다.

17판에서 800대는 문학류의 앞에 수록되었던 길고 유용한 주기가 없어진 대신에 808항목과 809항목이 유용하게 세분 전개되었다, Literatures of artificial languages는 808.9에서 809로 옮겨졌다. American literature는 세분전개가 잘 되었으나 그 지시사항들이 명확하지 못하다. 818 Miscellany literature는 낡은 양식의 작법을 사용하지 않는 현대작가들에 대비하기 위해서 산문, 시, 일기 등의 넓은 범주로 확장되었다. Shakespeare의 표는 822.33으로 환원되었다. 전에 839.9였던 Gothic literatures는 이제 번호를 따로 가지지 않게 되었다. 890대의 문학 중에 어떤 것은 시대구분이 되어 있다. 기타에도 800대에는 전반적으로 세분 전개된 부분이 많아서 문학전반에 걸쳐 16판에서 302항목이던 것이 17판에서는 651항목으로 2배 이상의 항목이 증가되었다.

18판에 있어서 대의 가장 중요한 추가사항은 보조표(Table 3)이다, 이 새로운 보조표는 적용하기가 어렵지만, 그러나 이 어려운 점을 덜어주기 위해서 번호를 연거하는 유용한 방법과 그 표현된 예가 1524-1525페이지에 마련된 점이다. 808.803에는 Holy Grail, Saints, Seasons, 혹은 King Authur와 같은 특수한 대상과 주제를 다룬 전집을 위해서 새롭고 지나치게 세분전개된 것이 있다.

보조표 3의 Subdivisions of individual literatures는 새로운 장치이다. 이것은 하나의 번호조합의 표현으로서 18판이 이전 판들보다 더 사용하기 쉽고 더 논리성을 가지게 한 것이다. 이론적으로는 하나의 문학번호를 조합한 다는 것은 아주 간단하다. 분류자는 분류표 본 표에서 하나의 문학에 대한 기본번호를 찾은 다음, 보조표 3으로 가서 거기에서 해당번호를 찾는다. 경우에 따라서는 그 해당문학에 대한 시대구분번호를 위해서 본 표를 다시 점검할 필요가 있다. Comaromi에 의하면 "실제로 1단계와 3단계는 어렵지 않지만 2단계는 어렵다. 분류자는 물론 그 저작이 분류되는데 따라서 여러 가지 열거순서 중에서 선택을 해야만 한다."57)고 말하고 있다.

c. 19판에서의 변화

19판에서도 문학에는 상당한 변화가 있었다. 802.8에서 Procedures, Apparatus, Equipment, Materials가 신설되고, 808.023에 배정되었던 Research가 001.4로 옮겨졌으며, 전판에서 029.4에 있던 Abstracts가 808.062 Abstracts and summaries로 배정되었다. 808.801부터 808.8038까지에 세분되었던 무려 32개의 소항목이 삭제되는 대신 808.801-803에 Collections displaying specific features로 간단히 통합되어 기본번호 808.80에 보조표 3-A에서 1-3까지의 기호를 첨가하도록 다시 말하면 분류번호의 조합식 방법을 사용했다. 808.812부터 808.818까지에 열거되었던 문학의 여러 가지 양식도 19판에서는 808.812-818 Specific kinds로 한데 묶고 기본 번호 808.81에 보조표 3에서 개별문학 세분표의 기호 102-108에서 10 다음에 있는 번호를 첨가하도록 되어 있다. 예를 들면 Collections of epic poetry는 808.8130이다. 808.822 − 808.825의 9항목에 걸쳐 세분 전개되었던 Drama of specific mediums, scopes, kinds가 19판에서는 모두 삭제되고, Specific media, scopes, kinds 하에서 기본번호 808,83에 보조표 3에서 개별문학 세분표의 기호 202-205 중에서 20다음의 번호를 첨가하도록 이른바 조합식으로 대치하였다. 예를 들면 역사적 희곡집은 808.8514이다. 808.831-808.836에 13항목에 걸쳐 열거되었던 Fiction of specific scopes도 19판에서는 생략되었고, 다만 Specific scopes and types로 하여 기본 번호

57) Comaromi, John Phillip. *The Eighteen Editions of the Dewey Decimal Classification*. New York, Albany, 1976. pp.587-588.

808.83에 보조표 3에서 개별문학 세분표의 301.308 중에서 30 다음의 번호를 첨가하도록 하는 조합식으로 대치하였다. 808.851-808.856의 5 항목에 걸쳐 열거되었던 Specific kinds of speeches도 19판에서는 생략되었고, 다만 Specific kinds로 하여 바로 위의 경우와 같이 기본 번호 808,85에 보조표 3에서 개별 문학세분표의 기호 501-506 층에서 50다음의 번호를 첨가하도록 하였다. 808.898부터 808.8999까지 17개의 소항목에 열거되었던 For and by specific racial, ethnic, national groups이 모두 삭제되었고, 19판에서는 이를 808.9로 하여 Treatment of literature among specific racial, ethnic, national group으로 간소화 하였다. 또한 808.891부터 808.899까지 16항목에 걸쳐 열거되었던 For and by other specific kinds of Persons은 모두 삭제되었고, 19판에서는 이들은 모두 기본번호 809.88에 보조표 3-A에서 기호 91-99를 첨가하여 조합하도록 하였다. 이러한 조치는 비교적 합리적인 개선이라고 생각된다.

810-890 Literatures of specific languages의 첫머리에는 해설주기가 3페이지에 걸쳐 확장되었다. 819 Literatures not requiring local emphasis가 19판에서는 도서관의 방침에 따라 지역적으로 세분 전개할 수 있도록 다음 <표 19>와 같은 선택 번호를 주고 있다.

<표 19> 819의 지역적위 중점이 요구되지 않는 문학전개표
([819] Literatures not requiring local emphasis)

[.1]	Canada
[.3]	United States
[.5]	Mexico
[.7]	Central America
[.71-77]	Specific countries
[.8]	West India(Antilles) and Bermuda
[.81]	Cuba

[.82]	Jamaica
[.83]	Dominican Republic
[.84]	Haiti
[.85]	Puerto Rico
[.86]	Bahama Islands
[.87]	Leeward Islands
[.88]	Windward and Other Sauthern Islands
[.89]	Bormuda
[.9]	South America
[.91-99]	Specific Countries

828.99 English-Languages literatures not requiring local emphasis 도 19판에서는 도서관의 방침에 따라 지역적으로 세분전개 할 수 있도록 다음 <표 20>과 같은 선택적인 번호를 주고 있다.

<표 20> 828.99의 지역적인 중점이 요구되지 않는 영어문학전개표
(828.99 English-Language literatures not requiring local emphasis)

[.991]	Scotland and Ireland
[.991 1]	Scotland
[.991 5]	Ireland
[.992]	England and Wales
[.992 9]	Wales
[.993]	New zealand Australia India Sauth Africa
[.993 3]	New zealand
[.993 3]	Australia
[.993 4]	Australia
[.993 5]	India

829 Anglo-Saxon(Old English)에서 829. 8에 Prose literature가 새로 추가되었다. 848.99 French-language literatures not requiring

local emphasis도 19판에서는 도서관에 따라 지역적으로 세분 전개
할 수 있도록 다음 <표 21>과 같은 선택적인 번호를 주고 있다.

<표 21> 848.99의 지역적인 중점이 요구되지 않는 불란서 문학전개표
(848.99 French-Languages literatures not requiting local emphasis)

[.991]	French
[.992]	Canada
[.993]	Belgium
[.994-999]	Other Parts of world

868. 99 지역적인 중점이 요구되지 않는 Spanish-language literatures
not requiring local emphasis도 19판에서는 도서관에서 임의로 지역적
으로 세분 전개할 수 있도록 다음 <표 22>와 같은 선택적인 번호를 주
고 있다.

<표 22> 868.99의 지역적인 중점이 요구되지 않는 스페인 문학전개표
(868. 99 Spanish-language literatures not requiring local emphas

[.991]	Spain
[.992]	Hispanic North America
[.9921]	Mexico
[.9922]	Central America
[.99221-99227]	Specific countries
[.9923]	West Indies(Antilles)
[.99231]	Cuba
[.99233]	Dominican Republic
[.99235]	Puerto Rico
[.993]	Specific Countries
[.9932-9939]	Specific countries
[.994-999]	Other Parts of world

869 Portugrese 문학에서도 스페인문학의 경우와 마찬가지로 869.899 Literatures not requiring local emphasis에서 임의로 지역적으로 세분전개 할 수 있도록 다음 <표 23>과 같이 선택적인 번호를 주고 있다.

<표 23> 869.99의 지역적인 중점이 요구되지 않는 문학전개표
(869.99 Literatures not requiring local emphasis)

[.899 1]	Portugal
[.899 2]	Brazil
[.899 4-899 9]	Other Parts of world

879 other Italic languages를 19판에서는 literatures of other Italic languages로 용어를 수정하고, 894 Ural-Altaic, Paleosiberian, Dravidian languages를 19판에서는 끝의 languages를 literatures로 변경하였다. 마찬가지로 894.4, 894.5, 894.53, 894.56, 894.6, 894.8, 895, 895.4, 895.9, 896, 897, 898, 899 등에서도 모두 languages를 literatures로 수정되었다. 이것은 본래 영·독·불 등 서구어로 쓰인 이외의 문학에 대하여 각국어로 쓰인 문학이라는 의미였으나, 여기에서 Literatures라는 말을 생략했기 때문에 그 표현상 모순이 있었던 부분으로서 당연한 수정이라고 볼 수 있다.

보조표 3 개별문학의 세분표는 19판에서는 그 체제가 상당히 바뀌어 조합식양식이 되었다고 말할 수 있다. 우선 19판에서는 보조표 3의 첫머리에 특정한 언어의 문학에 있어서의 분류번호구성(building numbers) 절차에 대하여 상세한 주기를 하고, -0801부터 -08099까지에 전개했던 문학의 Specific features나, 특정한 종족이나 민족이나 국가군 등에 의한 구분이나, 특정한 지역주민이나 특정한 계층 등에 의한 구분 등을 모두 여기에서는 생략하고, 이를 보조표 3-A로 하여 별도의 보조표를 마련하였다. 그러나 이 보조표 3-A에서는 18

판에서 -081부터-089까지 전개되었던 부분은 삭제되었고, 또한 -091
부터 -0999까지 전개되었던 부분도 삭제하고, 이부분도 Table 3-A
에서의 해당번호를 조합하도록 하였다. 또한 18판에서 -100801부터
-10083까지, 그리고 -10091부터 -100938까지에 전개되었던 부분도
모두 삭제되고, Table 3-A에 서의 번호에 의하여 조합하도록 주기하
고 있다.

19판에서는 Table 3-A가 새로 마련되었는데, 이 표는 Table 3에서의
지시에 따라 첨가되는 기호표(notations to bo added where instructed
through-out table 3)이다. 이 표의 개요만을 제시하면 다음 <표 24>와
같다.

<표 24> T3의 개요표

01-09	Specific periods
1-3	Literature displaying specific features
1	Literature displaying specific qualities
12	Realism and naturalism
13	Idealism
14	Classicism and romanticism
15	Symbolism allegory fantasy
16	Tragedy and horror
17	Comedy
2	Literature displaying specific elements
22	Description
23	Narrative
24	Plot
25	Stream of consciousness
26	Dialogue
27	Characters

3	Literature dealing with specific elements
31	Major disciplines
32	Places
33	Times
35	Humanity and human existence
36	physical and natural phenomena
37	The supernatural mythological legendary
38	Philosophic and abstract concepts
4	Literature emphasizing subject values
8-9	Literature for and by specific kinds of persons
8-9	Literature for and by specific kinds of persons
8	Literture for and by various specific racial ethnic, national groups
9	Literature for and by other specific kinds of persons
91	For and by persons resident in specific regions
92	For and by persons of specific classes
93-99	For and by persons resident in specific continents

이상의 Table 3-A에 대하여 간단히 논급하면, 세계 각국의 문학을 본 표에 따라 분류하고, 제2차로 Table 3에 따라 주로 문학양식에 따라 세분하고, 제3차로 Table 3-A에 따라 우선 문학의 특수한 본질(qualities)이나 구성요소나 주제 등의 특징에 따라 구분하고, 주제 가치에 따라 구분하고, 특정한 종족이나 민족이나 국가군(specific racial, ethnic, national groups), 또는 특정한 지역에서 거주하는 사람이나 특수한 계층의 사람들을 위한 또는 그들에 의한 문학 등등으로 세분하도록 되어 있다.

d. 20판에서의 변화
　20판에서는 특별한 변화는 없었고 다만 몇 가지 항목의 삭제, 용어의 변화, 부분적인 표준세분의 적용, 약간의 이치(relocation)가 있었다.

실례를 들면 802.8 Procedures, Apparatus, Equipment, Materials가 삭
제되어 808에 분류하도록 했고, 807 Study and teaching을 Education,
Research, Related topics로 그 용어를 수정했으며, 808에서 단순히
Rhetoric and collections으로 표현되었던 것을 Rhetoric and collections
of library texts from more than one literature로 정확히 표현했다.
808.59에 있던 Listening이 삭제되었고, 809에 .001-.007 Standard
subdivisions을 신설했다. 810-890하에 주어졌던 많은 기가 2/3이상 삭
제되었고, 819 Literatures not requiring local emphasis를 American
literatures in English not requiring local emphasis로 정확히 수정하였
고, 819.9에서 .900 1-.908에 English-languages literatures of South
American을 세분하게 혔으며, 820에서도 Literatures of English and
Anglo-Saxon languages를 English and old English(Anglo-Saxon)
literatures로 수정했다. 830.1-838.9 Subdivision of German literature
에서 시대구분에 21, 22를 더 확장하였고, 868.992 001-.992 08
Subdivision of Spanish languages literatures of Hispanic North
America를 세분 배정하고, 868.992 300 1-.992 508에는 Fest Indie-
s(Antiles)의 스페인문학을 Table 3에 따라 세분하도록 했으며, 868.993
001-.993 08에는Spanish-language literatures of South America를 세
분하도록 하였다. 869.899 Literatures not requiring local emphasis를
Portuguese language literatures not requiring local emphasis로 정확
히 수정하였다. 891.49 Other로 되어 있던 것을 Other Indic(Indo-Aryan)
literatures로 수정하고, 891.593에 Pamir(Gal-cha) literatures, Pashto-
(Afghan) literatures를 신설하고 그 밑에서 이를 세분하도록 하였다.
891.700 1-.700 9에서 East Slavic literatures를 표준 세분하도록 하였
으며, 891.701-.78에서 Russian literatures를 세분하도록 했다. 이러한
세분은 891.8 Slavic literatures와 891.85 West Slavic literatures에 있
어서도 마찬가지다. 892.29 Biblical Aramaic(Chaldee) and Samaritan
을 Westen Aramaic literatures로 변경하고, 894.81 Dravida Group을

South Dravian literatures로 변경하고, 894.82 Andhra Group을 Centeral Dravidian literatures, 894.83 Brahui를 North Dravidian literatures로 변경하였다. 895 Literatures of East and other languages of East and Southeast Asia라는 표현을 Literatures of East and Southeast Asia Sino-Tibetan literatures로 변경하고, 895.1 Chinese에 있어서 시대구분을 보다 세분하였다. 895.9 Literatures of other languages of Southeast Asia라는 표현을 Literatures of miscellaneous languages of southeast Asia; Munda literatures로 변경하고, 895.919 Lao, Shan, Khamti, Ahom, Karen을 Other Thai literatures로 표현을 변경하였다. 1896 African literatures에서 Table 6의 지리구분표에 따라 세분전개하고, 899 Other literatures를 Literatures of nonaustronesian languages of Oceania, of Austronesian languages, of miscellanous langusges로 보다 구체적으로 표현하였다.

Table 3 Subdivisions of individual literatures는 그 체제가 전면 개편 되었다. 우선 그 표제부터 For specific literature forms란 말이 첨가되었고, Table 3은 A. B. C의 세 가지로 구분되어, Table 3-A는 Subdivisions for works by about individual authors에 적응되고, Table 3-B는 Subdivisions for works by or about more than one author에 적용되며, Table 3-C는 Notation to be added where instructed in Table 3-B and in 808-809(두 나라 이상의 문학서에 의한 작법과 전집 및 두 나라 이상의 문학에 관한 역사 서술 비평)에 있어서의 제시에 따라 첨가되는 기호이다. 이에 대한 보다 구체적인 내용은 다음에서 설명하고자 한다.

2. 문학분류표의 전개

문학분야는 DDC에 있어서 가장 변화가 적은 분야중의 하나이지만,

초판에서 2 English literature, 3 German literature, 4 French literature, 5 Italian literature, 6 Spanish literature, 7 Latin literature, 8 Greek literature, 9 Other languages 등 불과 8가지의 문학군으로 구분했으나 100여 년 동안 무려 10배 이상의 국가별 문학으로 세분전개되어 있음을 볼 수 있다. 현재의 제20판을 기준으로 하여 볼 때 각 국가별 문학구분은 다음 <표 25>와 같다.

<표 25> 20판의 각 국가별 문학구분표

810	American literature in English
820	English and Old English(Anglo-Saxon) literature
830	German literature
839	Other Germanic(Teutonic) literatures
839.1	Old Low Germanic literatures
839.2	Frisian
839.3	Netherlandish literatures
839.31	Dutch
839.36	Afrikaans
839.5	Scandinavian(North Germanic) Old Norse
839.6	West Scandinavian llterature.
839.7	Swedish
839.81	Danish
839.82	Norwegian(New Norse Landsmal)
839.9	East Germanic liiteratures
840	French literature
849	Provencal
849.9	Catalan

850	Italian literature
859	Romanian
859.9	Rhaeto-Romanic languages
860	Spanish literature
879	Literatures of other Italic languages
880	Classical Greek literature
889	Modern Greek
890	Literatures of other languages
891	East Indo-European and Celtic literatures
891.1	Indo-Iranian(Aryan) Literatures
891.2	Sanskrit
891.3	Middle Indic literatures(Secandary Prakrits)
891.4	Modern Indic literatures(Tertiary Prakrits)
891.5	Iranian literatures
891.6	Celtic literatures
891.7	Russian literatures
891.79	Ukrainian
891.9	Baltic and other Indo-European literatures
891.91	Old Prussian
891.92	Lithuanian
891.93	Latvian(Lettish)
891.991	Albanian
891.992	Armenian
891.993	Other Indo-European literatures
892	East Semitic literatures Akkadian literatures
892.2	Aramic literatures
892.3	Eastern Aramaic literatures

892.4	Hebrew
892.6	Canaanite-Phoenician literatures
892.7	Arabic
892.8	Ethiopic literatures
892.9	South Arabic literatures
893	Non-Smitic Afro-Asiatic literatures
894	Ural-Altaic Paleosiberian Dravidian literatures
894.1-3	Altaic literatures
894.4	Samoyedic literatures
894.5	Finno-ugric literatures
894.6	Paleosiberian(Hyperborean) literatures
894.8	Dravidian literatures
894.81	South Dravidian literatures
894.82	Central Dravidian literatures
894.83	North Dravidian literatures
895.1	Chinese literatures
895.4	Tibeto-Burman literatures Tibetan
895.6	Japanese
895.7	Korean
895.8	Burmese
895.91	Thai(tai) literatures Thai(Siamese)
895.91	Other Thai literatures
895.92	Annam-Muong(Vietnamese) literatures
895.93	Mon-Khmer literatures
895.95	Munda literatures
896	African literatures
897	Literatures of South American native languages
898	Literatures of nonaustronesian languages of Qoania of Austronesian languages of misdcellaneous languages

이상에서 열거한 DDC의 문학전개표에는 예를 들면 오스트레일리아나 캐나다와 같은 나라들의 문학의 자리가 별도로 마련되어 있지 않은데, 810에 캐나다, 820에 오스트레일리아 문학이 분류되도록 지시되어 있다. DDC의 초판에는 미국문학의 자리가 마련되지 않았고 영문학에 포함되어 있었으나 제2판에서 810에 미국문학의 자리를 마련한 것이다. 이러한 논리로 보면 캐나다와 오스트레일리아의 문학도 별도의 자리가 마련되어야 할 것이다. 동일한 언어를 사용하는 나라라 할지라도 그 나라의 문화나 전통이나 국민성 등이 다르기 때문에 여기에서 표출되는 문학의 내용도 각기 그 특성을 가지기 때문이다. 또한 현재까지의 일반적인 통계상 문학분야의 문헌의 출판량이 다른 어느 주제의 출판량보다도 월등하게 많을 뿐만 아니라 도서관의 문헌분류에 있어서도 세분이 몹시 곤란함으로 가능한 국가별로 세분되는 것이 바람직한 것으로 판단된다. 다만 DDC에서 896 African literatures는 Table 6에 따라서 지리구분 하도록 하고 그 예를 열거하고 있으나 이에 대해서는 아직 미지의 분야이므로 앞으로 더욱 연구할 필요가 있을 것이다.

3. 문학양식구분과 기타의 세분

현재의 제20판을 기준으로 해서 볼 때 DDC의 국가별 문학의 전개는 810부터 880까지의 주요 서구국가들의 문학은 문학양식과 시대구분까지 본 표에 전개해 놓고 필요에 따라 문학세분 보조표를 적용하고 있다. 이들 서구 어문학에서 파생된 어문학 예를 들면 839.2 Frisian, 839.7 Swedish, 849.9 Catalan, 859 Romanian, 869 Portuguese와 890 기타제국의 문학 등 특정한 국가에서는 시대 구분을 주었으나, 나머지의 국가에 대해서는 시대구분이나 문학양식 구분을 하지 않고 Table 3-A와 Table 3-B의 보조표를 적용하도록 하고 있다. 그리고 Table 3-C는 808부터 809까지의 세분전개에 적용되도록 마련되어 있다. 이들 문학분류의 보조표의 개요만을 열거하면 다음 <표 26>, <표 27>, <표 28>과 같다.

<표 26> Table 3-A 개인 저자의 저작이나 혹은
그 저자에 관한 저작의 세분표

-1-8	Specific forms
-1	Poetry
-2	Drama
-3	Fiction
-4	Essays
-5	Speechs
-6	Letters
-8	Miscellaneous writings

문학류의 자료를 나누어 보면 문학의 일반적 측면을 다룬 자료와 개별 언어로 쓰인 문학작품으로 나눌 수 있다. DDC 문학류는 문학의 일반적 측면을 다룬 자료를 위한 항목을 앞에 배정하고, 810-890 대에 걸쳐 개별언어로 쓰인 문학작품의 항목을 배정하고 있다. 그런데 개별언어로 쓰인 문학작품은 특정한 언어의 사용圈과 시대에 따라 특수한 양식으로 쓰인 경우도 있으나, 대개 경우에 유사한 양식으로 쓰인다. DDC에서는 이러한 문학작품의 성격에 기초하여 개별언어로 쓰인 문학작품을 분류하는데 있어 양식을 채용하였고, 그 양식이 유사하므로 개별언어 아래서 마다 반복하여 열거하는 대신 열거된 개별언어 아래서 양식을 묶어 작성한 문학양식 구분표를 조합하도록 하고 있다. 문학양식 구분표의 조합과정에 대해서는 문학양식 구분표의 앞과 본 표에서 설명되고 있다. 그 과정은 일곱 단계로 구성되어 있어 복잡한데 DDC 19판 사용법58)을 보면 흐름도를 구성

---

58) Comaromi, J. P. and Warren, M. J. *Nanual on the Use of the Dewey Decimal Classification: Edition 19.* Albany, N. Y., Forest Press, 1982. PP.406-407.

하여 놓은 것이 있어 이를 참조하면 이해가 쉽다. 한편 문학양식 구분표를 보충하기 위한 3-A표는 18판과 문학양식 구분표의-08, -09에서 반복되었던 긴 번호의 조합을 대신하기 위한 것이다.59)

문학양식 구분표는 810-890대에 걸쳐 일정한 의미로 조합되므로 DDC의 일정적 조기성기호 가운데 대표적인 것이라고 할 수 있으며, 전체 주제류에 조합될 수 있는 것이 아니고 문학류의 세분을 위한 항목을 부표로 작성해놓은 것이다.

<표 27> Table 3-B. 2인 이상의 저자들 혹은 그들에 관한 저작의 세분표

-01-07	Standard subdivisions
-08	Collections of literacy text in more than form
-09	History, discription, critical appraisal of works
-1-8	Specific forms in more than one form
-1	Poetry
-2	Drama
-3	Fiction
-4	Essays
-5	Speechs
-6	Letters
-7	Satire and humor
-8	Miscellaneous writings

---

59) Chendel, A. S. "Tables in 19th Edition of DDC," *IASLIC Bulletin*, 26(1981). pp.203-210.

<표 28> Table 3-C.

Table 3-B와 808-809에서의 지시에 따라 첨가되는 기호

-01-09	Specific periods
-1-3	Literatures displaying specific features
-1	Literatures displaying specific qualities of style, mood, perspective
-12	Realism and naturalism
-13	Idealism
-14	Classicism and romantism
-15	Symbolism, allegory, fantasy, myth
-16	Tragedy and horror
-17	Comedy
-18	Irony
-2	Literature displaying specific elements
-22	Description
-23	Narrative
-24	Plot
-25	Stream of consciousness
-26	Dialogue
-27	Characters
-3	Literature dealing with specific themes and subjects
-32	Places
-33	Times
-35	Humanity and human existence
-36	Physical and natural phenomena
-37	The supernatural, mythological, legendary
-38	Philosophic and abstract concepts

-4	Literature emphasizing subjects
-8-9	Literature for and by specific kinds of persons
-8	Literature for and by racial, ethnic, national groups
-9	Literature for and by other specific kinds of persons
-91	For and by persons resident in specific regions
-92	For and by persons of specific classes
-93-99	For and by persons resident in specific continents, countries, localities

이상과 같은 세 가지의 문학세분표를 본 표의 각국 문학에 필요에 따라 조합하여 번호를 구성하게 되어 있다. 다시 말하면 DDC에 있어서 문학의 분류는 가장 조합식 분류법이 된 셈이다.

Ⅳ. 한국에서의 DDC의 어문학 분류표의 전개

DDC는 본래 앵글로색슨 문화권에 속하는 나라, 특히 미국의 도서관을 위해 만들어진 것이기 때문에 자연히 서구문화, 기독교, 자본주의 경제 및 역사 등에 항목배정이 편중되어 있다[60]고 DDD의 편자자신도 인정하고 있다. 특히 810대의 문학과 420-480대의 어학에서도 미국 및 서구위주로 편중되어 있음을 시인하고 있다.[61]

이처럼 문학에서 미국문학을 810에 배정하고 820-880에는 서양 주요국의 문학을 먼저 배정한 것과 400대 언어에서 420-489가 서양 주요국어를 배정하고 있는 것은 자국의 우위의 실용성에 바탕을 두고 있는 점이라고 하겠다.

DDC가 발행된 19세기 말부터 이제까지 수많은 분류학자들에 의하여 무수한 비판을 거듭 받아 오면서도 19세기에 만들어진 여러 분류법 중에서 유독 실존하여 "현재 135개국 이상의 국가 및 30개 이상의 언어로 번역되어 사용되고 있는 것"[62]은 이론과 논리를 초월한 단순성과 실용성에 기인한 것이다.

이와 같이 미국 내지 서양위주로 만들어진 분류표를 동양에서 사용하는 문제에 대해 중국의 王省吾는 "학술의 범위와 방법이 같지 않은 우리가 DDC를 굳이 채용한다는 것은 마치 발을 깎아서 신에

---

60) Custer, B. A. *"Editor's introduction"*, in DDC, 17th ed. Devised by M. Dewey. New York, Forest Press, INC., 1965. p.55.

61) *Loc. cit.*

62) Dewey, M. *Dewey decimal classification and relative index*, 20th ed. Edited by john P. Comaromi, etal. New York, Forest Press, 1989. Vol. 1. p.xxxi.

맞추는 격과 같다"63)고 분류법 사용의 불합리성을 지적한 바가 있다. 천혜봉도 이 점에 대해 "동서(東書)에 있어서는 매우 곤란한 처지에 놓여 있다. 그 중 특히 우리나라에 관한 저작에 대해서는 분류기호가 부족 혹은 거의 무시되어 있으며, 또한 그 체계와 순서에 있어서도 끝자리에 있지 않으면, 중국 항목 내에 포괄되어 독립성을 잃고 있는 까닭으로 현재 사용을 못하고 있는 실정에 있다."64)고 그 불합리성을 지적하고 있으며, 또한 국회도서관에서 발행한 듀이십진분류표 및 동양관계 세분전개표의 채택 경위에서도 "동양관계 특히 한국에 관한 부문이 미비 된 점인 데 이 부분만을 우리나라 실정에 맞도록 개편 전개하기로 하고 「東洋關係 細分展開表」안을 작성하였다."65) 이와 같이 일차적으로 미국도서관을 위해서 만들어진 DDC를 미국 밖의 나라에서 사용함에 있어서는 미국 우위로 배정되어 있는 번호들을 자기나라 위주로 고쳐 쓰고 싶어진다.66) 이처럼 자국을 우위에 놓고 싶은 것에 대해 Bliss는 "역사적이라기보다는 애국적(patriotic)이다."67)라고 평가한 바가 있다. 원표의 번호의 뜻을 고쳐 쓰는 문제에 대해서 Dewey는 "어떠한 명백한 지시 없이는 함부로 변경하거나 기워서 쓰지 말고, 숫자 외의 문자를 써서 DDC 숫자번호는 언제고 국제적인 공통의미로 쓸 것을 판권자의 입장에서 그의 DDC 서설에서 주장하고 있다. 특히 인쇄해서 공표하지 않기를 주

63) 王省吾. 圖書分類法導論. 臺灣, 中華文化出版事業會, 中華民國 44[1955] p.104
64) 천혜봉 역편. "동서용 D. D. C. 전개표." 국회도서관보 제71호(1960). p.18 천혜봉, 박영준 공편. 동서용 D. D. C.(16판) 전개표=Expansion of D. D. C.(16th ed) for Oriental Materials. 서울, 동국대학교 중앙도서관, 1969. 머리말[1면].
65) 국회도서관 편. 듀이+進分類表: 主類表 · 主網表 · 主目表. 서울, 국회도서관, 단기 4292[1959].
66) 이재철. "한국에 있어서의 듀이십진분류법(上): 그의 역사와 전개 및 고쳐 쓰기에 대한 고찰." 국회도서관보, Vol. 4, no.7(1967) p.11.
67) Bliss, H. E. The Organization of Klowedge in Libraries and the Subject-approach to Books. New York, The H. W. Wilson Co., 1939. p.215.

장하고 있다.68) 판권의 목적은 독단적인 변경(unauthorized varia-
tion)으로부터 이용자를 보호하고, 가능한 한 앞으로 계속될 판에 필
요한 소득원을 확실하게 하기 위한 이중의 목적에도 있다.69) 즉 원
표의 번호를 건드리지 말고 A, B, C 등의 문자를 써서 고쳐 쓰거나
전개해 쓰라는 것이다. 이처럼 분류표상에 자기나라 우위권(local
emphasis)에 대해서는 16판(1958)까지는 아무런 논급이 없었으나,
DDC 17판(1965)에서 처음으로 자국 우위에 의한 주기가 마련된 것
이다. DDC 17판에 이러한 주기가 어학에서 420-490, 문학에서
810-890에 걸쳐 지시되어 있다. 예컨대, 만일 특정 언어에 대해서
지역우위권이나 짧은 번호를 부여하려고 할 경우에는 문자나 기타
부호를 사용하여 앞에 놓는다. 예컨내 Arabic language는 420 앞에
4A0으로 하여 우선시킨다. 또한 문학의 820-890에서 지역우위권을
필요로 하는 문학의 경우에는 문자기호를 사용하도록 지시되어 있
다. 이러한 장치는 무엇보다도 자기나라에 우위권을 주기 위한 것이
다. 자국에 우위권을 준다는 것은 자기나라를 앞자리에 놓는다는 것
뿐만 아니라 번호의 길이도 가능한 한 짧게 해주기 위함이 그 일차
적인 목적이라고 할 수 있다.

　다른 현대 분류법들이 모두 문자만의 기호, 문자와 숫자, 또는 숫
자와 복잡한 부호들로 이루어진 데 반하여, DDC는 순 아라비아 숫
자만으로 구성뇌어 분류표가 긴단히다는 장점 때문에 세계적으로 광
범위하게 채용하고 있는 것은 주지의 사실이다. 그런데 자국의 우위
권을 주기 위해서 A, B, C 등과 같은 문자를 섞어 쓸 경우 예컨대
DDC 지시대로라면 420-499에 있어서는 문자기호가 숫자 2앞에(즉,
1과 2사이)에 놓이도록 지시되어 있다. 즉 01ABC……23456789의
순으로 배열하라는 것이다. 400, 410, 4A0, 4B0, 4C0, 420, 430와

---

68) DDC, 17th ed. pp.91-94, 16th ed. p.59, 14th ed. p.35, 13th ed. p.35.
69) Dewey, M. *Dewey Decimal Classification and Relative Index*, 18ed. New York,
　　Forest Press, 1971. p.4.

같이 분류되어 있으며, 또한 어느 경우에는 문자기호를 숫자 1에 선행하여 배열시키도록 되어 있는바 0ABC……123456789 순으로 배열하라고 지시되어 있다.

이와 같이 ABC……의 문자기호가 어떤 경우에는 1에 선행되고, 어떤 경우에는 2에 선행하도록 한 것은 그 항목들을 체계적으로 전개시키기 위한 부득이한 처사라고 하겠다. 그러나 "일일이 표를 보지 않고 기계적인 작업을 하는 서가상의 도서배열 시나 서가목록 또는 분류목록의 카드배열 시에는 실제적으로 그 구별이 곤란한 것이다. 더욱 개가식 제도를 취하는 도서관에서는 서가상의 배열이 도서관직원반의 일이 아니요 열람자도 책을 직접 찾고 되꽂는 수가 있는 것이니 그런 복잡한 방식의 배열법은 혼란을 가져올 뿐이다."70)

전술한 바처럼 서가상 또는 목록상 배열의 복잡성과 모순성을 가져오는 문자 또는 부호를 번호의 중간 또는 끝에 쓸 때 그의 [DDC] 생명처럼 여기고 있는 단순성과 실용성은 그의 빛을 반은 잃고 말 것이다71)라고 우려한 것은 적절한 지적이라고 생각된다.

그러나 DDC 사용도서관에서 자국 내지 동양의 우위권(local emphasis)를 주기 위해 문자 또는 다른 부호를 사용하는 경우는 없는 것으로 보이는데, 이는 전술한 단점 때문만이 아니고 편의상 저작권의 경고에도 무시하고 자국우위권으로 순 아라비아 숫자만을 이용한 DDC 전개 및 고쳐 쓰기를 하고 있는 것으로 보인다.

이러한 측면에서 우리나라에서 지금까지 DDC의 자국우위권에 의한 전개 및 고쳐 쓰기 방식을 채택한 기관 및 개인이 발표한 분류표가 몇 가지 있는데, 이를 그 연대순으로 열거하고 분석해 보면 다음과 같다.

---

70) 이재철(上), *op. cit.* p.13.
71) *Loc. cit.*

1) 연희전문학교 도서관의 전개 및 고쳐 쓰기(연대미상)[72]
2) 연세대학교 도서관의 전개 및 고쳐 쓰기(1955)[73]
3) 국회도서관의 전개 및 고쳐 쓰기(1959)[74]
4) 동국대학교 도서관의 전개 및 고쳐 쓰기[75]
5) 경북대학교 도서관의 전개 및 고쳐 쓰기[76]
6) 이재철의 전개 및 고쳐 쓰기[77]

A. 연희전문학교 도서관의 전개 및 고쳐 쓰기

먼저 연희전문학교 도서관의 전개 및 고쳐 쓰기에 있어서는 "양서는 엄밀히 듀이십진법에 의하고 일서·조선서·중국서는 이에 다소 수정한 것으로 분류 되고 있다"[78])는 것을 전해주고 있는데, 400, 800대와 같이 자국우위권을 주고 싶은 번호들마저도 고쳐 쓰지 아니하고 본 표를 "엄밀히" 쫓아서 사용하였다.[79]) 즉 미흡한 동양항목에 대해 전개(세분)해 쓴 것은 있어도, 우리나라 내지 동양에 우위권을 주기 위해 고쳐 쓴 항목은 없었던 것이다. 이러한 면에서 이것은 하나의 도서관에서 용이하게 사용하기 위해 번역해 놓은 번역본이지

---

72) "朝鮮に於けるデュイ分類法,"朝鮮之圖書館, 第4圈 第1號. (昭和 9[1934], 3月號)p.41

73) 김중한 역편. 듀이십진분류법 [측소 제7판] 서울, 국립도서관, 4288[1955]

74) 국회도서관 편. 듀이十進分類表: 主題表, 主網表, 主目表, 附東洋關係細分展開表. 서울, 국회도서관, 단기 4292[1959].

75) 동국대학교 중앙도서관 편. D. D. C. 東洋關係項目展開表, 修正版. 서울, 동도서관, 1984.

76) 경북대학교 도서관 역편. 한국식 전개를 가미한 듀이십진분류법 및 상관색인, 개정표준 제15판. 대구, 동도서관, 1963.

77) 이재철. 한국 도서관을 위한 듀이십진분류법(제17판)의 전개 및 고쳐쓰기표, 미고정판(상). 서울, 연세대학교 도서관학과, 1966.

78) "朝鮮に於けるデュイ分類法," op. cit. p.78.

79) 이재철(上), op. cit. pp.78.

고쳐 쓰기를 겸한 것은 아니다. 그러나 동도서관에서는 동서, 양서를 막론하고 고서까지 포함하여 DDC의 단일분류표를 채택한 것은 이중 분류표를 적용함으로서 오는 불합리성을 보완한다는 측면에서 좋은 착안이라고 생각된다.

B. 연세대학교 도서관의 전개 및 고쳐 쓰기

다음은 연세대학교 도서관의 전개 및 고쳐 쓰기에 대한 것으로서 "우리나라에서 DDC 전개 및 고쳐 쓰기에 대한 손질을 크게 가한 이는 연세대학교 도서관 부관장이었던 엘라드 씨(Mr. J. McRee Elrod)였다.80) 연대에서는 도서관 창설 이후 동서도 DDC로 분류해 오다가 일제 말기에 NDC로, 해방 후에는 박봉석씨의 KDC로 바꾸어 분류하다가 당시(1955년) 한 도서관에서 두 가지 분류체계를 사용하는 것은 불편하고 불합리한 것을 잘 아는 그는 이를 DDC체계로 일원화 할 정책을 세우고 당시의 양서 편목담당자인 金重漢과 동서 편목담당자인 任鍾淳의 협력을 얻어 DDC를 한국적으로 고쳐 이를 박봉석씨의 KDC에 의하여 전개시켰다.

Elrod의 도움으로 김중한의 DDC 번역판(축소 7판)에 'KDC로 전개된 듀이'란 표목을 지니고 삽입 첨가되어 발표되었다. 여기에 어문학에 관한 DDC의 전개 및 고쳐 쓰기는 다음 <표 29>와 같다.

---

80) 이재철(中), *op. cit.* p.18.

<표 29> 연세대학교 도서관의 어문학 전개표

410	동양제국어
411	한국어(KDC 310과 같이 구분)
412	중국어(KDC 320과 같이 구분)
413	일본어(KDC 330과 같이 구분)
414	인도어
810	동양문학
811	한국문학(KDC 360과 같이 구분)
812	중국문학(KDC 370과 같이 구분)
813	일본문학(KDC 380과 같이 구분)
814	인도문학

DDC 원표상에 뚜렷한 분류표목으로 배정받지 못하고 대부분은 기타(other)에 속하였던 한·중·일 등의 항목들이 여기에서는 서양 주요국의 어문학 보다 앞세워진 것은 "한국 도서관의 입장에서 보면 적절한 고안이라고 본다."[81] 이러한 고안은 전술한 바처럼 무엇보다도 자국에 우위권을 주기 위한 조치로서 자기나라를 앞세워 놓는다는 것뿐만 아니라, 번호의 길이도 가능한 한 짧게 해 주는 데에 있다. 그러나 위의 연대식 방법에도 번호의 길이가 어느 정도 짧아진 것은 사실이나 (예: 495.7에서 411로, 895.7에서 811로) 서양의 주요국보다는 한 자리 이상 길다(예: 영어 420, 한국어 411, 독일어 사전 433, 한국어 사전 411.3, 불란서 소설 843, 한국 소설 811.3). 이렇다면 자국우위권에 의한 응용력의 효과는 의도한 대로 번호의 짧아짐을 도모하지 못한 결과로도 볼 수 있다. 대체로 언어에 기초하여 국가를 구분하는 이들 항목들에 있어서 원표는 동양에 대 서양어, 동양문학 대 서양문학으로 양분한 다음에 국가구분을 하지 않고 자기나라의 말을 먼저 배정하고 점차로 자기나라와 친근한 말들을 그의 친근도에 따라서 배정하다가

---

81) 이재철(中), *op. cit.* p.20.

번호가 부족한 경우에 기타(other) 속에 몰아넣는 전개 방법을 쓰고 있는 것이다. 그럼에도 불구하고 우리나라를 앞세우는 방법에 있어서 우선 동양으로 묶어 올린 다음에 그 안에서 한국, 중국, 일본 및 인도로 세분하여 410-410.9, 810-810.9와 같은 짧은 번호들을 결과적으로 늘리게 하면서 한국에 대한 번호를 411, 811과 같이 배정하여 "영미 및 서양 주요국의 그것보다 한 자리 더 길게 준 것은 합리적인 기호배정이 못된다."82) 그렇게 한다고 해서 동양제국의 그것들이 다 함께 모아지는 것도 아니고 또 그럴 필요도 없는 것이다. 이들 항목에 있어서는 우리나라와 밀접한 관계가 있고 한자를 다같이 사용하는 중국과 일본만을 접근시켜 주면 되는 것이다.83) 그렇기 때문에 연대의 전개 및 고쳐쓰기표에서 한·중·일과 함께 인도도 같이 상위 그룹에 배정하고 있는데, 인도어는 언어적인 면에서 영·독·불어보다도 오히려 우리에게 덜 친근한 언어이므로 다른 동양어와 마찬가지로 원표상의 자리에 그대로 머물러 있게 하는 것이 좋을 것이다. 그리고 중국 및 일본을 한국에 근접시키는 방법은 일차적으로 우리나라 번호를 최대한으로 단축시킨 연후에 이차적으로 강구되어야 할 문제이다. 연대의 전개 및 고쳐 쓰기가 한국에서 DDC의 자국우위권을 실제에 적용시켜 400대와 800대에서 동양의 한·중·일의 어문학을 상위에 배정시킨 최초의 시도라 할 수 있다.

C. 국회도서관의 전개 및 고쳐 쓰기

1958년에 발행된 국회도서관에서 시도한 DDC 전개 및 고쳐 쓰기이다. 어문학은 여기에서 다음 <표 30>과 같이 고쳐 쓰기 및 전

---

82) 이재철. *op. cit.* p.20.
83) *Loc. cit.*

개를 시도하였다.

<표 30> 국회도서관의 어문학 전개표

410	동양제국어	810	동양문학
411	한국어	811	한국문학
412	중국어	812	중국문학
413	일본어	813	일본문학
414	인도어	814	인도문학
415	기타동양제국어	815	기타동양제국문학

상기의 국회도서관 전개표는 연대도서관의 그것과 동일하게 언어별로 나라 구분을 하는 410, 810에서 미국이나 서양 주요국가 보다 우리나라를 앞세우는 방법으로 동양권을 한데 묶어 그 안에서 한·중·일·인도 등으로 세분전개 해나가는 방법을 취하고 있다. 또한 동양제국어(415)와 동양제국문학(815)의 항목까지 영어보다 우위권을 두고 있는 점이 특징이다. 그러나 410, 480의 강항목의 명칭에서 국어는 제국어로 하고 있는 반면에 문학에서는 동양문학이라는 항목을 사용하고 있어 그 일치성(제국어와 그냥 문학)을 상실하고 있는데, 415와 815의 항목에서는 기타 동양제국어와 기타 동양제국문학은 일치시키고 있어 용어선정에서 자제내의 모순점을 지니고 있다.

이 전개표는 세분전개가 자세하게 되어 있지 못한 하나의 요약표 형식으로 발행된 것이다. 1954년 개관이래 잠정조치로서 동양서는 NDC(新訂 6-A版)를 서양서는 DDC(15판)를 사용하여 가정리해 오던 중 DDC로 통합할 것을 결정하고, DDC 개편에 착수하여 1958년에 그 초안이 발행된 것이다. 이 전개표는 NDC에 의해 전개된 것이 특징이라 하겠다. 그러나 조기성에 관한 것은 DDC에 원칙적으로 따른 것으로 보인다. 연대의 것을 논할 때 언급한 바처럼 언어별로 나라 구분하는 이들 항목에 있어서는 동양에 대해 우위권을 주되 한·중·일의 동양 3국만을 앞세우는 것만으로 족하며, 이 중에

서 적어도 한국만은 서양 주요국보다 번호의 길이를 길게 배정해서
는 안 된다고 본다.

D. 동극대학교 도서관의 전개 및 고쳐 쓰기

동국대학교에서 DDC의 자국우위권에 의해 전개 및 고쳐 쓰기는
천혜봉의 동서용 D. D. C 전개표[84])에서부터 시작된다. 그는 "한국
을 중심으로 하는 동양제국부문(주로 중국과 일본)이 상세히 전개되
면서도 그 조직체계상의 위치가 가능한 한 구미 각국의 앞에 오도록
하며, 또 각종 형식구분을 포괄하는 조기성이 D. D. C와 일치되도
록 하여야 한다[85])는 측면에서 D. D. C 15판을 중심으로 그 전반에
걸쳐 동서의 적용을 위한 전개를 위한 적용은 물론, 아울러 16판의
세 구분 전개까지도 포괄시킨 이른바 우리나라를 중심으로 하는 종
합적인 분류표를 전개하여 보려는 하나의 시안으로[86]) 그 가치는 인
정받아야 될 것이다. 이 시안이 1969년의 등사판과 1984년의 수정
판의 모태가 된다.
일반적으로 동서분류를 위한 '400 언어'의 전개에 있어서는 다섯
가지 방안을 구상할 수 있다[87])고 제시해 주고 있는데, 이 방법들은
다음과 같다.
1) D. D. C의 원래의 체계대로 전개 사용하는 방안.
2) 410. 419의 비교언어학을 401-409로 옮기고, 그 자리에서 동양
제국어를 411, 한국어 412, 중국어 413, 일본어 414, 인도어 등의

---

84) 천혜봉. 동서용 D, D. C 전개표=: *Expansion of D. D. C for oriental Materials.*
   국립도서관보 제71호(1960. 1). p.18.
85) *Loc. cit.*
86) *Loc. cit.*
87) 천혜봉. 제74호(1960. 4). *op. cit.* pp.15-17.

방법으로 그 전부를 전개하는 방안.

3) 410-419의 비교언어학을 401-409로 옮기고 410-418에서 한국어를 전개하여 419에서는 동양제국어를 전부 일괄하여 전개하는 방안.

4) 410-419의 비교언어학을 역시 401-409로 옮기고, 410-418에서 한국어 그리고 419에서는 한자를 공용하는 일본어, 중국어의 2개 국어만을 각각 490에서 옮기여 전개하는 방안.

5) 중국 王雲五 中外圖書統一分類法[88])에서 사용하고 있는 "十" "十十" "土"의 기호를 적용하여 전개하는 방안.

이상의 제안은 400대에서 자국우위권을 적용시켜 볼 수 있는 가능한 방법들을 모두 제시한 것이다. 그러나 이들 5가지 방법 모두가 장단점을 지니고 있는 바, 1)의 방법은 분류번호의 짧음을 도모할 수 없다는 면에서 가장 부적당한 방법으로 자국우위권의 적용에 정면으로 상치되며, 2)의 경우는 DDC를 중심으로 하는 전개표에서는 매우 복잡함을 피하기 어렵다. 그것은 420-480의 주요언어의 위치를 그대로 두고 다만 410아래에서만 동양제국어를 전부 전개 하여야 하기 때문에 한국어를 420-480의 주요언어와 같이 여유 있는 분류체계를 갖추지 못하게 하여 분류기호가 길어서 복잡하게 되며, 490에는 420-480의 주요언어를 제외한 기타 제국어를 어군 혹은 어족별로 항목화 하였기 때문에, 여기에서 동양제국어만을 추출하여 410아래로 옮기다면, 동일 어군이 양분되어 이원화될 뿐만 아니라 빈자리가 많이 생겨 혼란을 야기 시킬 가능성이 많다. 이러한 단점은 3)의 항목에서도 동일하게 야기 시킬 수 있는 문제이다. 5)의 王雲五의 방법은 이른바 "원표를 건드리지 않은 전개 및 고쳐 쓰기로서 DDC의 서설에서 제시한 바처럼 원표의 번호는 어떠한 명백한 지시없이는 함부로 변경하거나 기워서 쓰지 말고 숫자 외의 문자를 사용하라는 지침에 입각한 충실한 판권의 보호주의 입장이다. 이 방안은

---

88) 王雲五. 中外圖書統一分類法. 上海, 商務印書館, 中華民國17[1928].

DDC체계에 수정과 변형을 가하지 않고 사용한다는 점에서는 유리하나, 조직상의 이원화로 말미암아 기억하기가 어렵고, 또 배열에 있어서도 적지 않은 혼잡을 초래할 가능성이 많다.

이러한 면에서 상기 5가지 방법 중에서 채택할 수 있는 방법은 4)의 방안이 가장 무난하다. 이 점에 대해서 천혜봉도 동의하고 이 방법에 의해 전개 및 고쳐 쓰기를 시도한 것이며, 본 장에서 언급하고 있는 내용도 이 방법에 의한 것이다. 다음의 <표 31>은 1960년에 발표한 어문학의 전개 및 고쳐 쓰기에 의한 표이다.

<표 31>천혜봉의 어문학전개표

410	한국어	810	한국문학
419	중국어 및 일본어	819	중국문학 및 일본문학
419.2	중국어	819.2	중국문학
419.3	일본어	819.3	일본문학
419.39	아이누어	819.39	아이누문학

연대 및 국회도서관의 전개가 410을 동양제국어로 배정하고 한국어를 411에 배정한데 비하여, 천혜봉은 410 강의 항목에 한국어에 배정하고 있다. 이러한 조치는 번호의 짧음을 도모할 수 있다는 측면에서 최상의 방법이라고 하겠다. 이것은 전자인 경우에도 동양제국어의 전부를 앞세운데 대하여 천혜봉은 한자를 공용하는 한·중·일 만을 상위에 올려놓고 410, 419에 한국어와 중국어 및 일본어를 전개시키고 있어 그 친근도에 따른 전개를 하고 있는 점이 그 특징이다.

그러나 419에다 중국어 및 일본어를 주는 기호배정은 실제로 419와 같다. 비교적 짧은 번호를 의미 없이 배정하고, 중국어는 419.2, 일본어는 419.3이라는 네 자리 숫자를 가지게 하는 결과를 초래하여 결국 자국의 우위권에서 누릴 수 있는 '번호의 짧음'에 역행하고 있다. 또한 419.39에 아이누어를 배정한 것도 이해할 수 없는 전개라고 하겠다. 또한 앞선 두 전개표에서는 한・중・일의 어문학 배정이 비교적 균형적인데 대하여 천혜봉의 전개는 한국의 우위만을 지나치게 의식한 표라고 하겠다.

상기의 어문학표 전개가 그 뒤의 판에서는 어떠한 변화가 있었는가를 살펴보고자 한다. 1969년에 동국대학교 도서관에서 발행된 동서용 DDC(16판) 전개표[89]는 천혜봉이 1960년에 발표한 것을 수정 보완하여 등사판 단행본으로 발행 된 것이다. 여기에서 한국을 비롯하여 중국과 일본의 어문학을 다음 <표 32>와 같이 전개시키고 있다.

<표 32> 동국대학교 도서관의 어문학 전개표(1969년판)

410	한국어	810	한국문학
419	중국어	819	중국문학
419.9	일본어	819.9	일본문학

위의 전개표는 1960년 전개표와는 크게 달라진 것은 없으나, 다만 일본어 및 그 문학이 각각 419.3에서 419.9로 변동되었음을 알 수 있으며, 아이누어 및 문학은 419.39, 819.39에 항목을 설정하였던 것이 여기에서는 제외되었다. 그러나 번호자릿수는 변함이 없다. 이와 같은 조치는 한국어문학을 지나치게 세분한 나머지(한국어인 경우 410-418.9, 문학인 경우에는 810-818) 동일한 한자권역인 중국과 일본의 어문학 항목 자리가 부족한 현상에서 빚어진 결과이다.

다음은 1984년에 발행된 동국대학교 도서관의 수정판[90]에서의 전개표는 다음과 같다.

---

89) 천혜봉, 박영준 공편. D. D. C(16판) 전개표=*Expansion of D. D. C(16th ed) or oriental Materials*, 서울, 동국대학교 도서관, 1969.
90) [동국대학교 중앙도서관] D, D. C. 동양관계항목전개표, 수정판. 서울, 동도 서관, 1984.

<표 33> 동국대학교 도서관의 어문학 전개표(1984년판)

410	한국어	810	한국문학
419	중국어	819	중국문학
419.9	일본어	819.9	일본문학

위의 표전개는 1969년판과 동일하다. 단 아이누어가 494.6으로 원 상회복된 점만이 다를 뿐이다. 이러한 조치는 앞서 지적한 바처럼 의미가 없었던 것이었는데 잘된 일이라고 하겠다. 등사판의 수정판 이지만 어학의 항목에서는 수정 보완된 항목은 하나도 없으며, 문학 도 마찬가지이다.

E. 경북대학교 도서관의 전개 및 고쳐 쓰기

1963년에 DDC 표준 15판을 당관의 도서관에서 이용하기 위해 번역하는 과정에서 한국식 전개를 가미한 분류표가 이것이다.91) 당 시까지 한국에서 사용되던 분류표의 거개가 원판을 제외하고는 상관 색인이 없이 사용되었다. 그래서 실무자로 하여금 사용에 적지 않은 혼란과 곤란을 가져오게 한 것이다. 이러한 면에서 상관색인과 함께 분류표를 사용할 수 있게 한 점이 최대 특징이라 할 수 있으며, 다 음은 서양본위의 듀이십진분류표에 한국식 전개방법(지역우위권 적 용)을 가미하고 있는 것이 두 번째 특징으로 그 일러두기에서 열거 해 주고 있다. 사실상 상관색인의 출현은 이 분류표의 최대 강점이 라는 것은 사실이다. 이 전개 및 고쳐 쓰기에서의 어문학의 개요표 는 다음 <표 34>와 같다.

---

91) 경북대학교 도서관 편. 한국식 전개를 가미한 듀이십진분류법 및 상관색인, 개정표준 15판, 멜빌 듀이 원안. 대구. 동도서관, 1963.

<표34> 경북대학교 도서관의 어문학전개표

410	아세아어족	810	아세아문학
411	한국어	811	한국문학
412	중국어	812	중국문학
413	일본어	813	일본문학
414	인도어족	814	인도문학
415	티베트어족, 오스트로-아시아어족	815	티베트, 오스트로-아시아문학
416	퉁구즈, 몽고, 터크어족	816	퉁구즈, 몽고, 터크문학
417	세마이트어족	817	세마이트문학
418		818	
419	기타 아세아어족	819	기타 아세아문학

이상과 같이 410과 810에 각기 아시아어족과 문학을 배정한 뒤 1-8에 이르기까지 아시아에 속한 어족 및 국가별로 배정하고 마지막 9의 자리에 기타 어문학을 배정하도록 하여 앞선 분류전개표들과는 크게 다르다. 즉 동양제국 전체를 지역적인 우위권을 두고 있는 점이 또 다른 특징이라고 하겠다. 이것은 앞서 고찰한 바 있는 국회도서관의 그것과 유사한 면이 있으나 더 세분시키고 9의 자리에 기타 제국어 및 문학을 세분하고 있다.

전술한 바처럼 이들 항목에 있어서는 우리나라와 밀접한 관계가 있는 한자를 다같이 사용하는 중국과 일본만을 접근시켜 주는 방식이 최상이다. 중국 및 일본만을 한국에 근섭시겨주는 방식은 우리나라 번호를 최대한 단축시킨 연후에 이차적으로 강구될 문제인 것이다. 아시아 전체를 상위에 올려놓는다고 동양제국의 그것들이 다 함께 모아지는 것도 아닐 뿐만 아니라 기호의 짧음도 서양제국의 그것들과 동일한 합리적인 기호배정이 되지 않는다.

F. 이재철의 전개 및 고쳐 쓰기

마지막으로 이재철의 '한국 도서관을 위한 듀이십진분류법(제17판)의 전개 및 고쳐쓰기표' 방식이다. 이것은 "DDC 전개의 이론과 원칙을 총정리해서 이를 DDC 17판에 기대어 표로 구현화한 것이기도 하다."[92] 400대와 800대의 전개 및 고쳐 쓰기에 있어 기본으로 삼은 원칙을 다음과 같이 밝히고 있다.

1) 지역적인 우위권을 주는 나라는 동양제국 전체가 아니고 그 중에서 漢字문화권에 속하는 한·중·일의 삼국만으로 한정한다.
2) 그 중에서도 우리나라에 대한 번호의 길이는 가급적 미국이나 서양의 주요국과 동등하게 짧게 준다.
3) 어학공통구분, 문학형식[양식]구분의 조기성을 띨 수 있는 항목들의 전개는 원칙으로 DDC 원표의 체계를 따르고, 미흡하거나 정히 불합리한 점만을 追補 또는 조절하여 전개한다.
4) 세목전개는 되도록이면 KDC(1966수정판)의 것을 따르기로 한다. 단 그것이 합리적으로 잘 되었다고 인정되는 부분에 한해서 이용키로 한다.[93]

이러한 원리에 의해 전개된 어문학의 전개표는 동국대학교 도서관의 방식과 유사한 것으로 다음 <표 35>과 같다.

---

92) 이재철(下). *op. cit.* p.26.
93) 이재철(下). *op. cit.* p.27.

<표 35>이재철의 어문학전개표

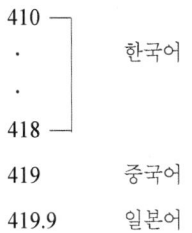

| 410 |
| · | 한국어 |
| · |
| 418 |
| 419 | 중국어 |
| 419.9 | 일본어 |

언어처럼 나라 구분하는 문학도 다음과 같이 고쳐 전개하였다.

<표 35>이재철의 어문학전개표

| 810 |
| · | 학문국한어 |
| · |
| · |
| 818 |
| 819 | 중국문학 |
| 819.9 | 일본문학 |

한·중·일어의 문자 및 부호(411, 419.1, 419.91)의 세분, 고어, 그리고 한자 및 한문의 처리, 한·중·일 문학의 시대구분, 문학양식의 세분 및 문집의 처리에 있어서 기존의 어느 전개표보다도 DDC의 체계에 충실하면서도 한·중·일어와 문학의 특수성을 합리적으로 살리는데 성공하였다고 필자 딴에는 자부한다94)라고 하였는데 이는 일정한 원칙에 입각한 보다 발전적인 고쳐 쓰기라고 하겠다.

이상에서 살펴본 바처럼 우리나라에서 자국우위권을 주기 위해 문자기호를 쓰고 있는 도서관은 없는 형편이며 모두가 DDC의 순 숫

---

94) 이재철(下). op. cit. p.28.

자기호의 뜻을 바꾸어서 사용하고 있다. 결론적으로 언어별로 나라를 구분하는 동양에 대해 우위권을 주되 동양 3국만을 앞세우는 것만으로 족하며, 이 중에서 적어도 한국만은 서양 주요국보다 번호의 길이가 길게 배정해서는 안 될 것으로 본다.

G. 문학양식(장르)구분의 문제

분류법에서 장르구분을 적용할 경우에 기본가정은 모든 작품이 장르에 속하여야 한다는 것이다. 그러나 본래의 개념에서 나타난 기본 장르의 판별은 우리들이 지금 문학양식을 위해 사용되는 구분과 동일하게 정확하지 않을 뿐만 아니라, 심지어는 유사한 용어가 양식의 명칭에서 사용되는 것도 정확하지 않다. 물론 문학이론으로서 장르론은 문학작품의 분류라는 실제적인 작업만이 그 목적이 아니다. 그것은 가장 "우리 시대의 가장 훌륭한 장르론은 우리로 하여금 문학 장르 사이의 경계가 아니라 문학의 질서를 조명케 한다.95) 라든가 혹은 장르론의 목적은 문학작품의 관례와 類例를 분류하기 위한 것이라기보다는 명확히 하기 위한 것96)이다. 그러나 이러한 불분명한 개념임에도 불구하고 Dewey는 다음과 같은 논리에서 문학에서 적용되는 양식구분을 장르개념에서 기초한 것으로 보인다.

문학양식 구분은 문학류 내에서만 각국문학에 공통으로 적용되는 구분기호이다. 즉 한 나라의 문학을 구분하는 양식으로 다른 나라 문학도 그 양식에 의해서 구분하는 것이 문학양식 구분이다. 문학류 내에서 각국문학에 적용되는 일종의 조기성 기호이기도 하다.

---

95) Hernadi, P. *Beyond Genre*. Ithaca, Cornell Univ. Press, 1972. p.184.
96) Frye, N. *Anatomy of Criticism*. New York, Atheneum, 1968. p.247.

각종 분류법에서의 문학의 분류패턴은 열거식 분류표에서는 '문학
－언어구분-문학양식－작가' 혹은 '문학－언어구분－문학양식-시대구
분－작가' 또는 '문학－언어구분-국가구분－시대구분－ 개별 작가'의
패턴으로 나타나고, 분석합성식 분류표에서는 '문학－언어구분-문학
양식-작가-작품'의 패턴으로 구분하는 것이 일반적 원리이다. 이처럼
분류법에 따라 문학양식의 인정여부는 상기의 장르론적 입장에서 보
면 논란의 여지는 아직 남아 있는 부분이라고 하겠다.

L. M. Chan에 의하면, DDC 시스템에서 800대 문학류는 양식분
류의 본보기이다 라고 전제하고, 도서관에서 문학작품의 정리에 이
구조를 적용하는 데에는 큰 문제를 야기시키고 있는 것으로 인식하
고, 목록실무사와 이용자 입장에 시 그 문제점들을 다음과 같이 분
석해 주고 있다.97)

    1. 목록실무자가 당면하는 문제점:
      첫째, 문학양식에 대한 분명하고도 실용적일 수 있는 정의의 부족에
         서 오는 난점
      둘째, 혼합적인 양식 혹은 불분명한 양식의 작품들을 취급하는 난점
      셋째, 도대체 본질적으로 문학적 양식에 속하는 지가 의문시되는 양
         식들의 문제가 그것이며,
    2. 이용자가 당면하는 문제점:
      첫째, 개인저자에 의하거나 또는 관해서 쓴 작품의 분리 및 분산의
         결과로 오는 불편함, 즉 개인이 저술한 작품이나 그에 대한
         저작이 양식에 의한 정리로 한 곳에 집중되지 못함으로서 이
         용자에게 검색상 불편을 준다는 것이다.
      둘째, 목록실무자가 어떤 문학작품의 양식이라는 측면에서 외견상
         자의적인 결정으로 야기될 수 있는 혼란성 .

---

97) Chan, L. M "Form Distinction in the 800 Class of Dewey Decimal Scheme,"
    Library Resources &Technical service, vol. 15(Fall, 1971)p.458.

DDC 800대에 한국문학을 적용하고자 할 경우에 당면하는 문제점은 한국 고전문학은 서구문학의 경우와는 매우 다른 문화적 맥락 속에서 전개되어 왔기 때문에 그 구제적인 작품들을 서구의 장르개념 즉 그리스, 라틴문학의 장르개념이나 또는 아리스토텔레스의 문학장르 개념에 적용시켜 파악하기가 어렵다는 사실이다. 현대문학인 경우에는 큰 문제는 없지만 특히 고전문학인 경우에는 많은 문제점들을 지니고 있는 것이다. 이러한 맥락에서 <Ⅳ장 A-F절>에서 분석한 것 중 몇 가지 전개표를 중심으로, 주로 DDC에서의 한국문학의 세분표 전개에 있어서 한국문학의 양식분류와 시대구분을 중심으로 살펴보고자 한다.

1. 연세대학교 중앙도서관의 한국문학세분표

연세대학교 중앙도서관에서 채택하고 있는 한국문학의 세분전개는 다음<표 36>과 같이 사용하고 있다.

<표 36>연대 도서관의 한국문학 세분표

810	동양제국문학
811	한국문학
811.1	시
811.101-811.109	형식구분
811.11	산라항가
.12	고려시가
.13	고가
.14	가사
.15	신시합집(2인 이상)
.16	신시집(개인집)

.17	시조집
.18	민요 속가
811.2	희곡 시나리오
811.3	소설
.36	고대소설
.37	현대소설
.38	야담 고담
811.4	수필 소품
811.5	웅변
811.6	서간 일기 수기
811.7	풍자 및 유머
811.8	잡문
811.9	한문학(한국인 저작)

811.11 신라향가로 표기되었는데, 향가는 신라일대에서 고려 초까지 꽃피웠던 시문학의 한 장르임은 주지의 사실로서 '신라'라는 말을 덧붙일 필요가 없다고 하겠다, 811.13고가의 경우 향가 이전의 고대가요를 지칭한 것인지 아니면 향가나 가사를 제외한 악장이나 이조 초의 노래를 뜻하는 것인지 구분이 되지 않는다. 811.9에 한문학을 배정하였으면서 한문소설은 811.36에 따로 취급한 것은 불합리한 것으로 보인다.

이상의 전개표에서 문제가 되는 짐은 시가의 양식구분이 제대로 되어있지 않고 국문학의 대상으로서의 판소리 사설, 설화가 어디에 속하였는지 나타나 있지 않으며, 시대구분이 되어 있지 않은 점이다.

2. 국회도서관의 전개표

국회도서관에서 사용한 한국문학 세분전개표의 내용은 다음<표 37>과 같다.

<표 37>국회도서관의 한국문학 세분표

810	동양제국문학
811	한국문학
811.1	한국시
.11	신라시가
.12	고려시가
.13	이조시가
.14	민요
.15	현대시
811.2	한국희곡
811.3	한국소설
.31	고대소설
.32	현대소설
811.4	한국수필, 소품, 평론
811.5	수사학
811.6	한국서간
811.7	풍자, 유머
811.8	잡문학
811.9	한문학

811.1 시에서 시가를 신라, 고려, 이조의 왕조별로만 크게 나누고 양식세구분은 하지 않았다. 우리나라의 시는 뚜렷한 특징을 가진 양식으로 세구분될 수 있고, 811.16-.19까지 빈 번호가 있으므로 시대구분에 의한 세분보다는 향가, 고려가요 등 양식에 의한 세구분이 이용자들의 자료 검색에 편리할 것으로 생각한다.

다음은 시대구분의 문제인데, 811.1 한국시, 811.11 신라시가, 811.2 고려시가, 811,3 이조시가, 811.15 현대시와 같이 구분한데 대하여 811.3 한국소설, 811.31 고대소설, 811.32 현대소설과 같이 한국시와 한국소설에서 서로 다른 시대구분을 하고 있다. 한국의 한문소설을 등 전개표와 같이 811.9(한국 한문학) 내에 전개한다면, 811.3은 순 한글소설만이 남게 되는데, 순 한글소설의 발생은 이조중엽이상 소급되지 않는 것이므로 이를 고대소설(이조시대의 소설)과 현대소설(갑오경장 이후의 소설)로 크게 양분한 것으로 해석된다.

그럴 경우 이재철이 지적한 바와 같이 한국소설의 시대구분은 한국시의 시대구분을 쫓아 "811.33 고대소설," "811.35 현대소설"과 같이 전개했어야 보다 더 조기성을 살린 합리적인 번호배정이 되었을 것이다.

811.4에 평론도 포함시켰는데 DDC에서 문학전반에 대한 평론은 809에, 각국문학에 대한 평론은 일반형식 구분의 09로서 표시되며, 작품 개개에 대한 평론은 그 작품과 함께 취급함으로, 811.4수필에서 평론은 811.509가 되어야 할 것이다.

3. 동국대학교 도서관의 전개표

동국대학교 도서관에서 한국문학 양식의 공통구분에서 세분전개한 내용은 다음<표 38>과 같다.

<표 38>동국대 도서관의 한국문학 세분표

810	한국문학
.8	진집
.9	문학사 및 문학평론
.903	삼국시대
.904	고려시대
.905	이조시대
.906	현대
811	한국시
.01-.08	형식구분
.09	시가사

이 표의 장점 중의 하나로 지적되고 있는 것은 연대의 전개가 주로 KDCP에 의하고 국회의 그것이 주로 NDC에 의해서 기계적으로 전개한데 대하여 천혜봉의 전개는 어느 특정한 기성 분류표 하나 만에 의존하지 아니하고 KDC, NDC는 물론 그 밖의 여러 문헌들을 참고하고 주제전문가의 조언을 받아 DDC체계에 가급적 맞추어서 이들을 집약하여 특유한 전개를 시도한 점이다. 그러므로 한국 문학의 전개법도 체계적으로 잘 되었다고 생각된다. 그러나 811한국시에서 향가에 포함시키는 고대시나 가사의 항목에 포함된 별곡체, 잡가는 뚜렷한 특징을 지닌 시의 양식이므로 이왕 양식에 의한 세구분을 할 바에야 따로 번호 배정을 해 주는 것이 좋을 것이다. 또한 분류표상에는 주기가 있어서 분류업무를 담당한 분류자들은 불편을 느끼지 않겠지만, 이용자들의 입장에서는 한국시 관계 자료가 양식에 의해 자세히 구별되어 있는 것이 바람직할 것이다.

812 한국희곡이나 813 한국소설 중 하나에 판소리에 대한 번호 배정이 있어야 하며, 813.58 고담, 야담, 설화는 이조시대에 국한된 것이 아니므로 이조시대 소설의 하위구분으로 포함시킬 것이 아니라 한국소설의 하위구분으로 번호 배정을 하여야 할 것이다.

4. 이재철의 한국문학 세분전개

이재철에 의해 전개된 한국문학양식 공통구분에서 세분한 내용은 다음<표 39>와 같다.

<표 39>이재철의 한국문학 세분표

810	한국문학
	한국한문학도 포함한다.
810. 1-7	정규세목
.8	전집, 선집
.9	역사, 해설, 평론, 전기적 논술
810. 9001-810. 9006	시대구분
.9001	고대-6세기
	고대로부터 신라통일이전까지
.9002	향가문학시대, 6세기-10세기
	신라통일부터 고려 초까지
.9003	고려시대 10세기-15세기
	고려 초로부터 이조초기의 훈민정음 창제까지
.9004	시가문학시대 15세기-16세기말
	이조 초 전체를 망라한 것도 여기에 모은다.
810.9005	산문문학시대, 16세기말-19세기말
	임진왜란이후부터 갑오경장까지
.9006	신문학(현대문학)약1900-
	갑오경장이후-
.90062	약1900-1945
.90064	1945-
811	시
.1	향가이전의 고대 시
.2	향가
.3	고려시가
	향가계통의 노래, 경기체가, 속요
.4	이조시가
	이조시가의 종합적인 것 및 이조시가 중 811. 5-811. 7에
	포함되지 않는 양식의 시가
.5	시조
.52	고시조
.54	신시조

.6	가사	

주정적 가사 및 서사적 가사를 모두 포함한다. 내방 가사
도 모두 포함한다.

811.7	잡가

민요, 속요등

.8	현대시
811. 89	동시, 동요
.9	한시
812.	희곡
.1-6	시대 및 양식별
.8	아동극 각본
.9	판소리

판소리의 사설

별법: 이 판소리의 사설은 소설과 함께 분류할 수 있다.

813	소설
.1-6	시대별
.8	동화
.9	설화

야담, 사화, 고담, 기담등

814	수필
.1-6	시대별
815	스피치
1-6	시대별
816	서간
816. 1-6	시대별
817	풍자, 유머
.1-6	시대별
818	기타
.1-6	시대별

위의 표는 이 표의 편자 자신이 "한·중·일문학의 시대구분, 문
학양식의 세분 및 문집의 처리에 있어서 기존의 어느 전개표보다도

DDC의 체계에 충실하면서도 한·중·일어와 문학의 특수성을 합리적으로 살리는데 성공하였다고 필자 딴에 자부한다."고 하였듯이 전항의 양식분류와 시대구분론의 연구 결과에 비추어 볼 때 양식분류나 시대구분이 이론에 입각하면서도 도서 분류에의 실천성을 무시하지 않고 작성되었다고 할 수 있다. 특히 다른 전개표에서 체계화하지 못한 811 시의 하위구분인 장르종들이 고대가요로부터 향가, 고려시가……현대시, 한시에 이르기까지 빠짐없이 망라되었다. 또한 812 한국희곡에서는 먼저 언급한 세 개의 전개표에서 다투지 않은 '판소리 사설'에 대해서 번호 배정을 하였음은 물론, 국문학 자체에서 소설이냐 희곡이냐로 그 소속 위치가 분명치 않음을 참작하여 별법으로 소설과 함께 분류할 수 있다는 주기까지 해주고 있다. 또한 813 소설에서 813. 9에 설화를 한 항목으로 따로 배정한 것이 특징이다. 일반적으로 설화를 민속의 한 장르로 알고 있으나, 우리나라의 경우, 국문학자들이 실제 국문학 분야에서 하나의 연구대상으로 취급함으로 소설의 하위구분으로 항목이 배정되어야 한다고 생각한다. 시대구분에 있어서도 무조건 왕조별로 구분하지 않고 학자들의 주장에 따라 왕조별 구분에 문학적 특징을 가하여 구분하였다.

結 論

이상에서 논급한 내용을 요약하면 다음과 같다.

1. LCC의 경우

LCC에 있어서 어학과 문학은 본래 14번째의 類인 P(philology and literature)에 함께 併置되어 있는데, 이것은 문학이 언어를 표현의 매체로 하는 예술의 한 영역이라는 측면에서 좋은 착안이었다고 생각된다. 그러나 DDC와 LCC를 비교 해보면 DDC는 9개의 류밖에 없는데도 어학(400)과 문학(800)이 각각 류를 달리하고 있고, LCC는 최초에 21개의 류로 전개시키고 있으면서도 어학과 문학을 병치시켜 하나의 類(P)로 배정한 것은 다음으로 전개될 세분에 있어서는 무리가 따르게 되었던 것이다. P류의 어문학은 그 후 21개의 하위류로 세분되었으나, PA는 Greek와 Latin의 고전어학과 문학, PB부터 PH까지의 7개의 하위류는 대부분 현대의 서구 언어 문학이고, PJ, PK에서만 동양 및 동남아의 어학과 문학이 함께 전개되어 있다.

먼저 어학분야에서만 살펴본다면. 어학 세분전개는 이상과 같이 배정된 각각의 하위류에서 언어의 세분표에 따라 세분되고 있는데, 이 세분표가 한 가지가 아니라 각 국어에 따라 또는 시대별에 따라 그 상세도가 각기 다른 17가지나 되기 때문에 그 적용에 있어서는 전문적인 지식을 요하지 않는 가장 상세한 열거식 분류표이다. 그러나 이처럼 상세한 분류표로 인하여 이용자의 입장에서는 검색 시에 전문적인 지식이 요구되기 때문에 문제가 야기된다.

한편 이 세분표들은 우선 영어를 비롯해서 독일어, 불어 등 미국 의회도서관에 소장되는 도서의 증가량이 많은 나라의 언어는 세분전개 되도록 되어 있고, 그와는 반대로 증가량이 적은 것은 비교적 간략하게 전개되도록 되어 있는데, 특히 동일한 언어에 있어서도 언어의 시대구분이나 지역구분에 따라 서로 다른 몇 가지 세분표가 적용되고 있는 것이다.

또한 이 세분표(I-V)는 이미 본 표에 모두 적용하여 전개하고 있으나, 한국어나 일본어 등 본 표에는 전개하지 않고 해당 세분표를 따르도록 지시만 하고 있는 부분도 상당수 있어서 일관성이 결여되어 있다.

LCC의 경우 문학의 세분전개도 어학의 경우와 같이 서구의 문학은 하위류의 전개에 이어 문학의 세분표에 따라 세분하고, 군소국가의 문학의 하위류에서 다시 세분하여 다음단계에서 문학의 세분표와 개인저자에 대한 세분표 또는 익명저작 세분표에 따라 세분하고 부분적으로는 시대구분 또는 경우에 따라서는 지역구분에 의해서 세분되고 있다, 기타에도 군소국가의 문학세분에 적용되는 문학세분표가 13가지나 있고, 이들과는 별도로 개인저자의 작품에 대한 세분표가 21가지나 마련되어 있으며, 익명의 저작을 위한 세분표도 2가지나 있다.

이와 같이 문학에 있어서는 더욱 복잡한 세분표 때문에 이들을 적절하게 적용하여 정확히 분류하기가 매우 곤란하게 되어 있다. 한편 이상에서 논급된 문학세분표 이외에 개인의 문학작품을 위한 세분표는 개인저자의 저작을 표 I로부터 로마자XIII까지로 구분하고 있다.

2. CC의 경우

CC의 경우 어학의 분류에 있어서 류번호 P와 언어구분기호, 또는 지리구분 기호, 언어변형 기호(Chapter P. Linguistics)또는 언어공통 구분기호 및 시대구분기호를 조합하여 분류번호를 구성하는 이른바 분석적합성식분류방식은 합리적이라고 생각된다. 그러나 언어구분이 서구의 언어 위주로 전개되어 있는데도 불구하고 이들 언어의 분파에 등은 십진식으로 세분 전개함으로서 이들 언어구분 기호자제의 자릿수만도 6자리(예 110153, Low Frisian, 110155 01d Frisian)까지 차지하는 경우가 있는 한편, 특히 동양어와 기타어의 방계어는 이들 언어구분기호에 지리구분을 더 첨가하도록 함으로서 조합된 분류번호가 지나치게 복잡하고 길어지게 되었다. 그 원인은 분류번호의 분석합성의 기초가 되는 각각의 구분기호의 자릿수가 일관성이 없고, 여러 가지 기호를 혼합해서 사용했기 때문이다.

한편 언어구분기호인 Language isolates는 서구의 언어를 위주로 전개했는데 그 파생어들은 십진식으로 전개하고, 특히 동양어와 기타의 방계언어는 여기에 지리구분을 첨가하게 한 자체가 일관성이 없다. 그리고 언어공통구분이라고 볼 수 있는 Chapter p Linguistics의 전개에 있어서도 지나치게 경직된 십진식 전개로 인해서 분류번호의 자릿수가 고형을 이루지 못하고 있다. 또한 시대구분기호는 BC 9999년 이전은 A로 하고, BC 9999년부터 BC 1000년까지 9000년간은 B로 하고, BC 999년부터 BC 1년까지 1000년간을 C, AD 1년부터 999년까지 1000년간을 D, AD 1000년부터 3199년까지는 100년 단위로 E부터 X까지(0자는 제외하고)알파벳 대문자 한자씩 그리고 끝으로 YA, YB, YC의 기호를 주고 있는데 만약 AD 999년 이전을 100년 단위로 표시할 필요가 있을 때는 그 기호 매김이 곤란한 점이 있다. 또한 연도표시를 알파벳 대문자로 표시함으로서 작가구분과 혼란을 야기시킬 가능성이 많다.

CC에 있어서 문학분야의 분류는 기본적으로 문학의 류 번호 0에 보조기호인 언어 구분기호를 조합하고, 다음에 문학형식구분가 시대 구분기호를 조합하게 되므로 문학분야 분류에 있어서의 문제도 어학 분야에 있어서의 문제와 대동하다.

3. DDC의 경우

첫째, DDC에 있어서 400 어학과 800 문학이 너무 분리되어 있기 때문에 불합리하다고 하다고 하는 것은 현재까지의 일관된 지적사항 중의 하나이다. 400어학과 800문학의 제 일차적인 전개를 그 순차 에 있어서 일치시키도록 한 것은 조기성을 갖는다는 면에서 좋은 착 안이었으나 부분적으로 그것이 일관성이 없는 부분이 있다.

둘째, Table 6 언어세분표에 전개된 구분이 본 표의 420부터 499 까지에 전개된

어학의 제 일차적인 구분과 綱에 있어서는 일치하고 있으나, Table 6에서는 目과 細目까지 더 세분되어 있기 때문에 이 양자간에 혼돈 을 야기시킬 가능성이 많다.

셋째, DDC의 어학분야에 제 일차적인 전개는 언어학 (linguistics) 을 제1위로 하고, 다음은 영어를 비롯해서 서구의 제국어를 2부터 8 까지 배정하고 9위에는 기타 제국어를 배정하고 있으며, 한편 마지 막의 9위에 있는 기타 제국어는 여기에 속하는 제국어를 다시 십진 식으로 1부터 8까지 전개하고, 그 마지막의 9위에는 또다시 기타 제 국어가 전개되고 있다. 그리하여 기타 제국어는 두 자리에서 가장 많은 경우는 7자리 수까지 전개되어 있다. 따라서 어학번호 4를 합 해서 8자리 수를 가지는 국어번호에 각국어 세분표를 조합하고 시대 구분이나 표준세분까지 조합하게 된다면 기호의 자릿수는 10자리를 넘는 경우가 많게 되므로 분류번호의 자릿수가 균형을 이루지 못하

게 된다.

넷째, 특히 각국어의 경우는 언어학적인 파생현상을 명확히 밝히기도 어려울 뿐만 아니라, 이를 나타낼 필요도 없는데, DDC의 분류번호에는 전혀 불필요한 계층구조를 나타내고 있는 것이다.

다섯째, 현재 20판의 Table 6에서 각 국어 세분표에 전개된 주요 분류번호는 100개 미만의 항목인데 이들을 1자리 수에서부터 7자리 수까지를 가지게 하여 자릿수의 불균형을 이룬다는 것은 하나의 문제가 아닐 수 없다.

DDC의 문학분야의 제1차적인 전개를 810 미국문학만을 제외하고 400 어학의 전개와 일치하도록 한 것은 조기성을 가지도록 한다는 면에서는 상당히 좋은 착안이었다.

문학분야의 전개에 있어서 최초부터 2. 영문학을 비롯하여 · 3. 독일문학 · 4. 불문학 · 5. 이태리문학 · 6. 스페인문학 · 7. 라틴문학 · 8. 희랍문학으로 구분하고 9에 기타 제국문학을 한데 모은 것은 다만 십진식으로 인한 자릿수의 제약 때문이라 할지라도 지나친 서양 위주의 편견에서 비롯된 것이며, 국제성은 전혀 고려하지 않은 것이다. 그리하여 890 기타 제문학은 후에 지리적으로 또는 국가별로 세분 전개되어 가장 자릿수가 많은 것은 8자릿수까지 전개되고 있다. 따라서 이들 문학번호에 Table 3(A-C)에서 문학양식구분을 하거나 표준세분이나 시대구분을 조합한다면 6자릿수나 8자릿수까지도 더 늘어날 수 있으므로 DDC는 본래 아라비아숫자만으로 된 아주 단순한 표였으나 이제는 번호가 너무 길어져서 그것이 결점이 되고 있는 것이다.

그리고 분류전개 된 항목수로 보아 810부터 880까지에 전개된 항목은 각 문학에서 분화된 것을 모두 합해서 불과 약 53개 항목인데 비하여 890 한 항목에서 전개된 항목은 대체로 계산해서 170개 항목이 넘는다. 이렇게 많은 항목을 본래부터 한 자릿수로 전개하기 시작한 것이 그 후 점차 십진식으로 세분되어 분류된 기호의 자릿수에 지나친 불균형상태를 유발한 것이다.

물론 다른 주제 분야의 경우도 마찬가지라고 생각되지만 문학에 있어서 모든 문학에서 각각의 시대구분이 해당 분류표 란에 전개되어 있기 때문에 분류표가 복잡해지고 분류표의 지면(紙面)이 많아지는 원인이 되고 있다.

마지막으로 한국에서의 DDC의 어문학분류표의 개장전개 문제를 살펴보면: DDC에 있어서 항목배정이 서구위주로 편중되어 있고, DDC 17판에 자국우위권(local emphasis)의 지시주기가 어문학류의 420-489, 820-880에 설정되어 있으므로 이들을 동양위주로 전개 및 고쳐 쓰기를 하는 사례가 많다. 그러나 우리나라에서는 합의된 일정한 자국우선권에 따른 어문학분류표가 마련되어 있지 못하다. 그러므로 차제에 언어구분에 있어서 동양 3국(韓·中·日)에 대해 자국우위권을 활용하되, 이 중에서 적어도 한국만은 서양주요국보다 번호의 길이를 길게 배정해서는 안 된다.

둘째, DDC의 한국문학 수정전개 부분의 문학양식 구분은 이재철의 전개표를 제외한 대부분의 표가 811 시의 세구분을 소홀히 하였고, 국문학에서 다루는 판소리나 설화에 대한 번호배정이 없어 한국적 특성을 충분하게 살리지 못하였다. 시대구분에도 기계적인 왕조중심의 시대구분을 적용한 나머지 문학적 특징이 고려되지 않고 있다. 따라서 차후 DDC의 동양부문 수정전개 시에 이 문제가 신중하게 검토 적용 되어야 함은 물론 KDC 4판의 준비 시에도 이 문제는 충분하게 고려되어야 할 것이다.

참고문헌

김명옥. KDC, DDC, NDC의 비교분석적 연구. 서울, 숭의여자전문대학교, 1987.

김성원. DDC기호의 조기성에 대한 연구. 1989, 연세대학교 대학원 석사학위논문

노정순. 한국 십진분류법과 콜론분류법 비교연구. 1979, 성균관대학교 대학원석사학위논문

박종배. 랑가나단의 조기성이론에 의한 한국 십진분류법과 일본 십진분류법의 비교연구. 1989, 경북대학교 대학원 석사학위논문

석현증. 한국문학의 양식(장르)및 시대 구분에 관한 기존 전개표의 비교 연구. 1977, 연세대학교 교육대학원 석사학위논문

유소영. 콜론분류법의 구조원리와 추리성에 관한 연구. 1989, 연세대학교 대학원 박사학위논문

이재철. 한국도서관을 위한 듀이십진분류법(제17판)의 전개 및 고쳐쓰기표, 미고정판(상). 서울, 연세대학교도서관학과, 1966

이재철. "한국에 있어서의 듀이십진분류법(상 중 하): 그의 역사와 전개 및 고쳐 쓰기에 관한 고찰." 국회도서관보, vol. 4, No.7, 8, 9(1967)

이재철. "구조본에 입각한 한국 저자기호표 연구: 한글의 구조상의 특색, 기입의 형식, 배열, 표기법 문제 등과 관련한 고찰." 도서관학 제1집(1970). pp.1-58

이춘희. "국립중앙도서관의 자료정리 현황과 그 방향에 관한 연구." 국립중앙도서관 개관 60주년 기념논문집, 1984. PP.83-112

천혜봉, 박영준 공편. 동서용 D. D. C.(16판) 전개표=Expansion fo D. D. C. (16th ed.) for Oriental Materials. 서울, 동국대학교 중앙도서관, 1969

홍옥자. 한국 도서관에서 재용하고 있는 분류법의 실례에 관한 연구. 1977, 연세대학교 교육대학원 석사학위논문

Angell, R. "On the Future of the LC Classification." *In Proceedings of the International Study Conference on Classification Research, Elsinore,* ‡ 1964

Asundi, A. Y. "Common Subdivisions of Dewey Decimal Classification, Edition 12-19: A Comparative Study." *Library Science With a Slant to Documention* 17(1980). pp.83-89

Asundi, A. Y. and Gungal, S. R. "Common Subdivision in Dewey Decimal Classification: Critical Comments of Edition 19," *Herald of Library Science,* 20(1981). pp.38-43

Bead, C. C. The Library of Congress Classification Development, Characteristics, and Structure, in the Use of the Library of Congress Classification: *Proceedings of the Institute on the Use of the Library of Congress Classification*(Richard H. Schimmelpfeng and C. Donald Cook, eds.). American Library Assoc., Chicago. 1968

Binwal, J. C. "Common Isolates," *Herald of Library Science,* 1 (1962). pp.199-205

Bliss, H. E. The *Organization of Knowlodge in Libraries and the Subject-Approach to Books,* 2nd ed. New York, The H. W. Wilson, 1939

Brown, J. D. Subject Classification for the Arrangement of Libraries and the Organization of Information, with Tables, Indexes. etc., for the Subdivision of Subjects. 3d ed., Revised and enlarged by J. D. Stewart. London, grafton Co., 1939. "Classification: Theory and Practice." Ann F. Painter, ed. *Drexel Library Quarterly,* vol. 10, no. 4. Philadelphia, Drexel University, 1974

Buchanan, B. *Theory of Library Classification.* London, Clive Bingley, 1979

Chan, L. M. "The Form Distinction in the 800 Class of the Dewey Decimal Scheme." *Librariy Resources & Technical Service*, 15(1971). pp.458-471

Chand, M. P. Colon Classification: Its Structure and Working. 2nd ek., New Delhi, Stering Publishers Private, 1984

Comaromi. J. P. *The Eighteen Editions of the Devey Decimal Classification*, Albany, Lake Placid Education Foundation, 1976

Comaromi, J. P. and Warren, M. J. *Manual on the Use of the Dewey Decimal Classification: Edition 19*. Albany, Forest Press, 1982

Croghan, A. "The Dewey Decimal Classification and Its Eighteenth Edition." *Library Association Record*, 74(1972). pp.120-121

Davis, C. II. Pragmatic Expansion of an enumerative Classification Scheme. *Journal of the American Society for Information Science*, 27(1976) pp.174-175

Davison, Keith, *Theory of Classification; An Examination Guidebook*. Bingley, London, 1966

Dewey, M. *Dewey Decimal Classification and Relative Index*, 20th ed. Albany, Forest Press, 1989

Dhyani, P. "DDC 18: Critical Appraisal of Some Auxiliary Tables." *International Library Review*. 9 (1977). pp.175-17-81

Dutta, D. N. *Library Classification; Manual. Calcutta*, The World Press, 1978

Foskett, A. C. The Subject Approach to Information, 4th ed. London, Clive Bingley, 1981

Ganapathy, K. P. "Dewey Decimal Classification: A Comparative Study." *Indian Librarian*, 19(1965) pp.211-219

Gopinath, M. A. "The Colon Classification." *Classification in the 1970's: A Discussion of Development and Prospects for the Major Schemes*, edited by Maltby, A. London, Clive Bingley. 1972

Gore, Daniel, "Further Observations on the Use of LC Classification." *Lib. Resources & Tech. Services*, 10. (Fall 1966). pp.519-524

Hines. P. S. *Special Problems in Literature(Class P), in the Use of the Library of Congress Classification*(Richard H. Schimmelpfen and C. Donald Cook, eds.), Chicago, American Library Assoc., 1968, PP.62-79

Holmes, Robert R. *Assignment of Author Numbers, in the Use of the Library of Congress Classification; Proceedings of the Institute on the Use of the Library of Congress Classification*. Chicago, American Library Assoc., 1968. pp.107-120

Immroth, J. P. A Guide to the Library of *Congress Classification*, 2nd ed. Libraries Unlimited, Littleton, Colorado, 1971(Library Science Text Series)

Irene M. D. *"Library of Congress Classification for the Academic Library, in the Role of Classification in the Modern American Library."* Papers Presented at an Institute Conducted by the University of Illinois Graduate School of Library Science, November 1-4, 1959, Illinois Union Bookstore, Champaign, Illinois, 1959. pp.76-92

Jones, G. A. and Elizabeth, H. W. "An Expansion of Library of Congress Classes PT 2600-2688." *Lib. Resources & Tech. Services*, 17 (Winter 1973). pp.32-34

Kaula, P. N. A Treatise on Colon Classification. New Delhi, Stering Publishing Private, 1985

Khanna, J. K. and Kapil, D. D. *Colon Classification*. New Delhi, Ess Publication, 1982

Kumar, K. *Theory of Classification*. 2nd ed. New Delhi, Vikas Publishing House Private, 1981

Library of Congress Classification Schedules: A Cumulation of Aditions and Changes. Detroit, Gale Research Company, 1974

Lockwood, Elizabeth, *Subclassification and book Numbers in Language and Literature, in the Use of the Library of Congress Classification. Chicago*, American Library Assoc., 1968. pp.121-134

Maltby. A. *Sayers' Mannual of Classification for Librarians*. 5th ed.

London, Andre Deutsch, 1975.

Martel, C. "Library of Congress Classification." *ALA Bull.*, 5. (July 1911). pp.230-232

Martel, C. *The Library of Cong ress Classification*, in Essays Offered to Herbert Putnam by his Colleagues and Friends on his Thirteenth Anniversary as Librarian of Congress: 5 April 1929, Yale Univ. Press. New Haven, 1929. pp.327-332

Matthes, R. E. and Taylor, D. *adopting the Library of Congress Classification System; A Manual of Methods and Techniques for Application or Conversion.* Bowker, New York, 1971

Matthews, G. O. The Influence of Ranganathan on faceted classification. 1980, Case Western Reserve University ph. D. Dissertation.

Mills, J. "The New Bliss Classification." Catalogue and Index. 40, (Spring 1976). pp.3-6

Mills, J. *A Modern Outline of Library Classification.* London, Champman & Hall, 1962

Mills, John. *Subject Classifying and Indexing of Libraries and Literature*, scarecrow, New York. 1959

Miska, F. "The 19th Dewey: A Review Article." *Library Quaterly*, 50(1980). pp.483-489

Misra, S. "Synthesis and Mnemonics in Dewey Decimal Classification." *Indian Journal of Library Science*, 1(1975) pp.31-38.

Mowery, Robert L. "The Classification of African Literature by the Library of Congress." *Lib. Resources & Tech. Services*, 17(Summer 1973) pp.340-352

Mowrey, Robert L. "The Cutter Classification: Still at Work." *Library resources and Technical Services*, 20. (Spring 1976) pp.154-156

Navalani, K. and Gidwani, N. N. *A Practical Guide to Colon Classification.* New Delhi. Oxford & IBH Publishing, 1981

Ohdedar, A. K. and Sengupta, B. *Library Classification.* 2nd ed., Calcutta, The World Press Private, 1977

Osborn, J. *Dewey Decimal Classification 19th Edition: A Study Manual.* Littleton, Co., Libraries Unlimited, 1982

Parley, C. W. *Recent Developments in the Library of Congress Classification,* in *Proceedings of the Catalog Section*, Washington, D. C., American Library Association, Conference May 13-018, 1929, Catalog Section, Chicago, American Library Assoc., 1929

Phillips, W. H. *A Primer of Book Classification.* 5th ed., London, Association of Assistant Librarians, 1961

Raman, A. and Ranganathan, T. "Non-Seminal Mnemonics." *Annals of Library Science*, 9(1962) pp.1-14

Raju, A. A. N. "A Study of Auxiliary Schedules in the Dewey Decimal Classification." *Herald of Library Science*, 17(1978) pp.3-12

Ranganathan, S. R. *Philosophy of Library Classification.* Copenhagen, Munksgaard, 1951.

Ranganathan, S. R. *Colon Classifications*, 5th ed. Madras, Madras Library Association: London, Blunt, 1957.

Ranganathan, S. R. *Elements of Library Classification*, 3rd ed., Bombay, Asia Publishing House, 1962

Ranganathan, S. R. *Colon Classification.* 6th ed. Bombay, Asia Publishing House, 1963

Ranganathan, S. R. *Colon Classification.* 6th ed. (with Amendments), Bombay, Asia Publishing House, 1963, and 7th ed., (to be Published in 1972)

Ranganathan, S. R. "Basic Subjects and Their Kinds." *Lib.* Sci,/Doc., 5, (1967) paper C

Ranganathan, S. R. *Prologomena to Library Classification.* 3rd ed. New York, Asia Publishing House, 1967

Ranganathan, S. R. Colon Classification, Edition 7(1971): A preview, *Lib.* sci./Doc., 6, (1969), Paper M

Roberts, M. A. *The Library of Congress in Relation to Research*, Washington, D. C., Government Printing Office, 1939. Pages 33-34 Contain a

Brief Introductory Summary of LC Classification.

Sachdeva, M. S. *coon Classification: Theory and Pratice.* 2nd ed., New Delhi, Stering Publishers Private, 1983

Sachdeva, M. S. *Colon Classification: Theory and Pratice.* 2nd ed., New Delhi, Stering Publishers Private, 1984

Sayers, W. C. Berwick. *An Introduction to Library Classification; The Decimal, and The Library of Congress Classifications; A Study in Bibliographical Classification Method,* London, Grafton, 1915.

Sayers, W. C. Berwick. *A Manual of Classification for Librarians and Bibliographers,* 3rd ed. London, Deutsch, 1963.

Schimmelpfeng, R. H. and Cook, C. D. *The Use of the Library of Congress Classification.* chicago, American Library Association, 1968

U. S. Library of Congress. *Classification Division, Classification. Outline Scheme of Classes.* Washington, D. C. Government Printing Office, 1904

U. S. Library of Congress. *Subject Cataloging Division, Outline of the Library of Congress Classification,* 2nd ed., Washington, D. C., Government Printing Office, 1970

U. S. Library of Congress. *Subject Cataloging Division, Outline of the Library of Congress Classification,* rev. and enl. ed. of Outline Scheme of Classes. Washington, D. C., Government Printing Office, 1942

Vickery, B. C. *Faceted Classification: A Guide to Construction and Use of Special Schemes.* London, Aslib, 1960

Vickery, B. C. "Notational Symbols in Classification, parts I -VI," *Journal of Documentayion,* vol. 8, 1952. pp.14-32; vol. 12, 1956. pp.73-87; vol. 13, 1957. pp.72.77; vol. 14, 1958. pp.1-11; vol. 1959. pp.12-16

Viswanathan, C. G. "Dewey Decimal Classification: Its Success and Failure." *Indian Librarian,* 19(1965). pp.207-210

Von Noe, A. C. "The New Classification of Languages and Literatures by the Library of Congress." *Bibliograph. Soc. Amer. Papers*, 6, (1911) pp.59-65

Wang, Sze-Tseng, "An Explanation of Author Notations and Tables Used in Library of Congress schedule for Chinese Literature," *Lib. Resources Tech. Services*, 18, (Winter 1974). pp.51-60

A study on the Language and Literature Division of the LCC, CC and DDC

by Nam Tae Woo

〈ABSTRACT〉

In this study, two divisions (languages and literatures) in schemes of the LCC, DD and DDC are discussed. And the adaptation of these divisions to the Minor or oriental countries are suggested.

The LCC, CC and DDC are the general and modern classification schemes. LCC is the representative one of the traditional enumerative systems and CC is one of the faceted schemes. And DDC, giving emphasis in the enumerative aspects, is a compromise system between the enumerative and the faceted schemes. Beginning its first edition in 1876, DCC 20th edition was published in 1989 through the experts' continuous revision efforts and research. LCC, which publicized its outline in 1904, also had been revised and studied by the classification experts, and its revised edition of 36 volumes was published in 1988. Since its first edition in 1933, the CC has been studied and revised continuouslu by the experts, and it's 7th edition was published in 1987.

In spite of the continuous study and revision of the experts, the frameworks of those systems are still kept unchanged. Only their subdivisions, reflecting the developments in the academic world, are developed and detailed more sophiscatedly. of those subdivisions in three classification systems, especially the two subdivisions of languages and literatures are seriously unbalanced. The two divisions give an attention too much to the Western including the English, Deutsch and French. Relatively, the languages and the literature of the other nations are treated lightly, It results more problems to the Oriental and the minor nations, So, the libraries of these nations should modify the tables and develop the suvdivision items of the local emphasis.

Considering these problems, the historical changes of those LCC, CC and DDC systems in the language and the literature are clarified and the problems occurring from the unbalanced allocation of the classed items are examined. Especially in case of DDC, the problems are examined closely in terms of the Orientals. And the modified and reclassified application schemes for the libraries in Korea are described. Additionally, new classification modes reflecting the Oriental details are suggested and presented for the preparing and design of the KDC 4th edition.

<부록 1> LCC의 어학세분표

	I (900)	II (500)	III (200)	IV (100)	V (50)
Periodicals.					
International	1. A1-3				
English and American	1. A4-Z	1			
French	2			1	1
German	3		1		
Other	4-9	2-3			
Annuals, Yearbooks, etc	10	4			
Societies	11-19	5-7	3		
(Divided like Periodicals.)					
Congresses	21	9			
Collections				2	2
Texts, sources, etc	23	11	5		
Collections of texts exclusively.					
Texts and studies, see I 25, etc.					
Chrestomathies, see I 117, etc.					
Monographs, Studies	25	13	7		
Studies in honor of a particular person or finstitution, A-Z	26	14			
Individual authors	27	15	9		
Encyclopedias	31	19	11	3	3
Atlases, maps, charts, tables, etc	33	20	12	4	
Prefer I 777, etc.					
Philosophy, Theory, Method	35	21	13	5	
Relations	37	23			
History of philology:					
Cf, I 65-69, etc.; I 75-87, etc.					
General	51	25	15	7	5
General special	52	26			
By period-					
Earliest	53				
Middle ages	54	27			
renaissance	55				
Modern	57	29			
19th-20th centuries	58				
By country, A-Z	60	31			
Biography, Memoirs, etc.					
Collective	63	33	17. A2	9. A2	6. A2
Individual, A-Z	64	34	.A5-Z	9. A5-Z	6. A5-Z

(출처: Library] of Congress Classification: Modern European Languages. Washington, LC,. 1933, pp.209~218

LANGUAGE

	I (900)	II (500)	III (200)	IV (100)	V (50)
Study and teaching:					
General	65	35	19	11	7
General special	66	36			
e. g. Educational value.					
By period, see I 53-58, 75-87, etc.					
By country, A-Z	68	38			
By school, A-Z	69	39	21	12	
General works:					
Early to 1800	70	40	22		
Treatises(Philology, General)	71	41	23	13	8
Gineral special	73	43			
Relation to other languages	74	44	24	14	
History of the language.					
General works	75	45	25	15	9
Earliest, see I 53, etc	(76)				
Middle ages	77	47			
(15th-) 16th century	79				
(16th-) 17th century	81	49			
(17th-) 18th century	83				
19th century	85	51			
20th century	87				
By region, see Dialects, I 700-840, etc.					
Compends	91	53			
Outlines	93	55	26	16	
Popular. Minor	95	57	27	17	10
Script	97	58	28		
Grammar-					
Comparative (two or more languages)	99	59	29	18	
Historical	101	61	31	19	
treatises			33	21	11
To 1800	103	63			
Later	105	64			
General special(Terminology, etc.)	107	65	34	22	12
Text-books			35	23	13
Early to 1870	109	66			
Later, 1871-	111	67			
Readers-					
Series	113	68	36	24	
Primers. Primary grade readers	115	69	37	25	
Intermediate and advanced	117	71			
Outlines, Syllabi, Tables, etc	118				
Examination questions, etc	119				
Manuals for special classes of students, A-Z	120	72	38	26	
e. g., Commercial, Cf. HF.					

LANGUAGE

	I (900)	II (500)	III (200)	IV (100)	V (50)
Grammar-Continued.					
Conversation. Phrase books_	121	73	39	27	
Plays for acting in schools and colleges	123				
Cf. PN6120, PZ.					
Idioms, errors, etc., see I 460	(126)				
Readers on special subjects	127				
e. g., A7, Art.					
Text-books, etc., for foreign students(other than English) by language, A-Z	129	75			
Phonology	131	76	40	28	15
See also Alphabet below.					
Phoneics	135	77	41	29	
Pronunciation	137	79	43	31	
Accent	139	81	44	32	
Phonetics of the sentence (Sandhi)	140	82	44.9	32.9	16
Orthography. Spelling				33	17
History	141				
General works	143	83	45		
Spelling books		85	47	35	
Early(to 1860)	144				
Later.					
Rules	145				
Lists of words	146				
Spelling reform		87	49		
Associations, Collections, etc	149				
Early to ca. 1870	150				
Later	151				
Alphabet	153	89	51	37	18
Transliteration	154	90	52	38	
Cf, P226.					
Vowels	155	91	53		
Diphthongs	157	92	54		
Consonants	159	93	55		
Contraction(Hiatus. Elision)	161	94	56		
Particular letters (consonants)	165	97	57		
Syllabication	168	98	58		
Punctuation, see I 450, etc.					
Capitalization	169	99			
Morphology	171	101	59	39	19
Word formation	175	103	61	40	
Noun. Declension[1]	(181)	(105)	(63)	(41)	
Adjective. Comparison. Adverb	(186)	(107)	(65)	(43)	

[1] I prefer "parts of speech below."

LANGUAGE

	I (900)	II (500)	III (200)	IV (100)	V (50)
Grammar.					
Morphology-Continued.					
Verb. Conjugation[1]	(196)	(109)	(67)	(45)	
Tables. Paradigms	197	111	69	47	
Parts of speech (Morphology and Syntax)				48	21
Miscellaneous	199	119	70		
Noun.					
General	201	121	71		
General special (classes, etc.)	205	123		49	
Gender	211	125	73		
Number	216	127			
case	221	129	75		
Adjective	241	133	77		
Numerals	246	135	79	53	
Article	251	137	81	55	
Pronoun	261	141	83	59	
Verb	271	145	85	61	
Person	276	147	87	62	
Number	280	149	88		
Voice	285	151	89	64	
Mood	290	153	91		
Tense	301	159	95		
Infinitive and participle	311	162	96		
Participle, Gerund, etc	312	164			
Special classes of verbs, A-Z	315	165	97	65	
e. g., .A8, Auxiliary.					
.I 6, Impersonal.					
.I 8, Irregular.					
Particular verbs, A-Z	317	167	98	66	
.Other. Miscellaneous	317	169	99		
Particle	318	171	101	67	
Adverb	321	173	103		
Preposition	325	177	105		
Conjunction	335	181	107		
Interjection	345	187	109		
Other special, A-Z	359	191	111		
Syntax				71	23
General	361	201	113		
Outlines	365	205	115		
General special	369	207	117		
Sentences.					
General arrangement, etc	375	211	119		
Order of words	380	213	121		
Order of clauses	385	215	123		
Clauses	300	217	125		
Other special	395	225	127		

---

1) Prefer "Parts of speech below."

LANGUAGE

	I (900)	II (500)	III (200)	IV (100)	V (50)
Grammar-Continued.					
grammatical usage of particular authors	400	231	131		
prefer PA, PQ-PT.					
Style. Composition. Rhetoric.				75	27
Treatises	410	240	135		
Text-books	420	245	137		
Outlines, Questions, Exercises and specimens. List of subjects	430	250	139		
Special authors. Prefer PA, PQ-PT	433	251	140		
Special parts lof rhetoric			141		
Style. Invention, Narration, etc	435	253			
Other special. Figures, tropes, allegory, etc	440	255			
Choice of words. Vocabulary, etc	445	256			
Punctuation	450	258	143	78	
Idioms. Errors. Blunders	460	260	145	79	28
Special classes of composition.					
Essays	471				
Lectures	473	} 263	147		
Scientific papers	475				
Precis writing	477				
Letter writing		265	149	80	
Early to 1800	481				
Later	483				
Business, see HF.					
Diplomatic, see JX.					
etiquette, see BJ.					
Love letters, see HQ.					
Text-books	485				
Catholic (applies only under protestant countries)	487				
Specimens. Collections		267			
Early works to 1850-70	495				
Llter	497				
Prosody. Metrics. Rhythmics.					
History of the science	501	271	151		
Treatises.					
Early to 1800	504	274	152	81.A2	29.A2
Later, 1801-	505	275	153	81.A5-Z	29.A5-Z
Text-books Compends	509	279	155		
Versification (Gradus ad parnassum)	511	281	157		
Rhyme	517	283			
Prosody. Metrics. Rhythmics-Continued.					
Rhyming dictionaries	519				
Special by form, A-Z	521	285			
e. g., E6, Epic; .L9, Lyric.					
Special meters, A-Z	531	290			

	I	II	III	IV	V
	(900)	(500)	(200)	(100)	(50)
Other special	541	295	159		
e. g. Epithets.					
Cf. I 440, etc.					
Special authors, A-Z	551	297	160		
Rhythm	559	298			
Rhythm in prose	561	299			
Etymology.					
Treatises	571	301	161	83	31
Names. Prefer D-G	576	303	162		
Dictionaries (exclusively					
etymological)	580	305	163		
Special elements (by language, A-Z)[2]	582	307	164	84	
.A3 Foreign elements in general,					
cf. I 670.					
Other special	583				
folk etymology	584	308	164.5		
Semantics	585	310	165	85	
Synonyms. Antonyms	591	} 315	167	86	33
Homonyms	595				
Patricular words	599	319	169	86.9	33.9
Lexicography:					
Collcctions	601	320	171		
General works. History.					
Treatises	611	323	173	87	
Biography of lexicographers	(615)				
see I 63-64, etc.					
Criticism, etc., of particular					
dictionaries	617				
Dictionaries.					
Glossaries, etc	619	324	174	88	
Collections,. A2-4.					
By author,. A5A-Z.					
Special subjects,. A6-Z.					
Dictionaries with definitions in					
same language.			175	89	35
Early to 1800	620	325			
Later, 1801-	625	327			
Minor, abridgcd, school					
dictionaries	628				
Supplementary dictionaries	630	329	177		
Lexicography.					
Dictionaries-Continued.					
Dictionaries with definitions					
in two or more languages,					
or dictionaries of two or					
more languages with definitions					
in one language[3]	635	331	178		
Dictionaries with definitions					

2) Omit phraso in paranthesis for groups of languages as PB 307, PC 307.

LANGUAGE

	I (900)	II (500)	III (200)	IV (100)	V (50)
in English[3]	640	333	179	91	
Dictionaries with definitions in					37
other languages[3]	645	335	181	93	
Dictionaries exclusively etymological, see Etymology I 580, etc.					
Dictionaries of particular periods (other than periods separately specified elsewhere)	650	337			
Dictionaries of particular authors, see the authors in PA-PT	(655)	(339)	(182)		
Make added entry under the language; e. g., Glossaries for P. Ronsard, PC2655. R7.					
Dictionarise of names[3]	660	341	183		
Cf. I 673, etc., CS, P769.					
Dictionaries, etc., of obsolete, archaic words and provincialisms[3]	667	342	mee 185		
Local provincialisms, see Dialects.					
Dictionaries of foreign words—					
General[3]	670	343	184		
Names	673	344		95	39
Cf. P769.					
Special by language, see I 582, etc.					
Other special lists			185		
Miscellaneous	680	345			
By subject, A-Z, added entry only	(683)	(346)			
Classified in A-Z, Q-Z.					
Lexicography. Dictionaries. Other special lists-Contd.			185	95	39
Dictionaries of terms and phrases	689	347			
Other	691	348			
e. g., Statiatical, frequency, etc. Cf. I 445, etc.					
Abbreviations, Lists of	693	349	186		
Linguistic geography. dialects. etc.[4]					

---

3) Divisions marked (3) may be subdivided-

   .A2 Early to 1850

   .A5-Z later.

   Similarly divisions using Cutter numbers for language may be subdivided by successive Cutter numbers, e. g. PC1645 .G2 Italian-German to 1850

	I	II	III	IV	V
	(900)	(500)	(200)	(100)	(50)
Linguistic geography	700	350	187.A1	96.A1	41.A1
Cf. I 777, etc., Atlases.					
Dialects, Provincialiams, etc.[4]					
Periodicals. Collections	701	351	187.A2-29	96.A2-29	41.A2-29
collections of texts, etc	707	353	187.A3	96.A3	41.A3
General works	710	355	188	96.A5-Z	41.A5-Z
Grammar	720	361	189		
Phonology. Phonetics	725	365			
Morphology	735	370			
Syntax	750	375	190		
Other	760	380			
Dictionaries	770	390	191	97	43
Atlases, Maps, Charts,					
Tables	777	393	192	98.A1	45.A1
Local. By region, place,					
etc., A-Z	780	395	193	98.A5-Z	45.A5-Z
For further subdivisions					
if needed use					
Table XV.					
Slang. Argot				99	46
Collections	800	400	[5]195		
General works	810	407	[5]196		
Dictionaries. Lists	815	411	[5]197		
Texts	820	416			
Special topics, A-Z	830	421	[5]198		
Special local, A-Z	840	431	[5]199		

.G3 Italian-German

For nearly all of the more important languages spoken in Europe special schemes for dialects have been made. See PC 787-798, PC1701-1977, etc.

For Oriental languages substitute the following for $\propto$ scbeme for 195-199: Texts.

195 General collections.

196 Collections in museums and libraries.

197 Minor or private collections.

198 Translations.

199 Individual texts.

LANGUAGE

TABLE VI (30)	TABLE VIa
1. Periodicals. Societies. Collections.	1. Periodicals. Societies. Collections.
3. History of philology.	3. General treatises. History of
5. Study and teaching.	philology, Biography, etc.
6. General works.	5. Study and teaching.
7. History of the language.	6. Treatises in Oriental languages.
8. Script.	7. Grammar.
Grammar.	8. Exercises. Chrestomathies. Selections.
9. Text-books, including exercises.	Phrase books. Examinations, etc.
10. treatises in Oriental languages.	9. Phonology.
11. Phonology.	
12. transliteration. Cf. also P226.	
13. Morphology.	
15. Syntax.	
17. Style. Composition. Rhetoric.	
19. Prosody. Metrics. Rhythmics.	
21. Etymology.	11-29, use Table VI.
Lexicography.	
23. Dictionaries with. definitions in	
same language.	

TABLE VI (30)	TABLE VIIIa
25. Dictionaries with definitions in	1. A1-5 Collections.
English and other languages.	A6-Z General works.
27. Dialects.	2. General special(Script).
29. Slang. Argot.	Grammar. Treatises. Textbooks.

TABLE VII	
1. Periodicals. Societies. Collections.	3. Western.
2. General works.	4. Oriental.
3. Grammar.	5. Exercises. Chrestomathies. Selections
4. Dictionaries.	Phrase books, etc. (Examinations, tests.)
5. Other special.	Dictionaries.

TABLE VIII	
1. General.	6. Western.
2. Grammar.	7. Oriental.
5. Etymology and Lexicography.	8. Texts.
7. Miscellaneous.	May be subdivided:
9. texts and commentaries.	Collections. selections, etc.
	Individual works, by subject:
	.1 Religion, Philoeophy.
	.3 History, Inscriptions.
	.5 Literature.
	.7 Other.
	.9 Translations.

9. Other special, e. g., Ety
mology.

LANGUAGE

TABLE IX	TABLE X	TABLE XI
1. Collections, etc.	1. Collections.	1. Geueral.
2. General works.	2. General.	2. Grammar.
3. Grammar.	3. Other.	3. Dictionaries.
4. dictionaries.		4. Texts .A-Z5.
5. Texts.		Local dialects,. Z9A-Z.
		Translations, by lan-
		guage, A-Z and
		date, .Z95

TABLE XII	TABLE XIII
1. Collections.	1.A1-5 Collections.
2. General.	.A51-Z3 General works.
3. Miscellaneous.	.Z5A-Z Miscellaneous.
4. Grammar.	2. Grammar.
5. Metrics.	3. Etymology and Lexicog-
6. Etymology and Lexicography.	raphy.
Dictionaries.	Dictionaries.
7. Local.	4. Local.
8. Local.	5. Texts.

TABLE XIV	TABLE XV (one number)
1. A1-5 Collections, etc.	.A1-5 Collections.
.A6-Z General and Grammar.	.A6-Z3 General works. Grammar,
2. Dictionaries.	etc.
3. Texts.	.Z5A-Z Vocabularies, dictionaries.
4. Local.	Texts, by date.
	.Z7 Bible.
	.Z71 Catechisms, Hymns, etc.
	.Z73 Legends, mythology in the
	vernacular.
	.Z77 Other.
	.Z9A-Z Local dialects.
	.Z95 Translations. by languaye,
	A-Z, and date.

<부록 2> LCC의 문학세분표

XX	XXI	XXII	
1			I History and criticism.
2			Periodicals.
3	} 1	1	Yearbooks.
4			Societies.
			Congresses.
			Collections.
5			Series. Monographs by different authors.
6	2		Collected works. studies. cssays of individual authors.
7	3	2	Encyclpedias. Dictionaries.
		3	Study and teaching.
9	4		General.
10	5		Schools.
			Authorship, see PN101-249.
			History.
		5	Gencral.
11	6		Early works(to 1800)
12	7		Modern treatises.
13			Compends. Text-books.
14	8		Outlines. Syllabi. Questions, etc.
15	9		Collected essays.
17	10	6	Lectures, addresses, pamphlets.
			General specinl.
19	11	7	relations to history, civilization, culture, etc.
20	12	8	Relations to other literatures.
21	13	9	Translations.
			Treatment of special subjects, classes, etc.
23	14	10	Subjects, A-Z(e. g., Nature, Religion).
24	15	11	Classes, A-Z(e. g., Jews, priests).
			Biography.
			Collected.
28	17	13	By period, see XX 36-56, etc.
30	18		Individual, see XX 194-197, etc.
32	19		Memoirs, letters, etc.
			Literary landmarks. Homes and haunts of
34	20		authors.
			Women authors. Literary relations of authors
			By period.
			Under each-
5)			(1) Treatises. Compends.
			(2) Collected essays.
			(3) Special subjects.

(출처: Library of congress Classification: Modern European Languages. PB-PH. washington, LC, 1933, pp.219~226)

LITERATURE

XX	XXI	XXII	
			I History and criticism.
			History.
			By period-Continued.
36-38	21	15	Origins.
39-41	22	16	Medieval.
42-44			Modern. General.
48-50			Renaissance.
51-53	23		16th-18th centuries.
54-56	24		19th century.
			20th century.
			Poetry.
62	27	17	History.
(64)			General.
			Medieval, see 39.
66	28	18	Modern.
68	29		General.
70	30	19	16th-18th centuries.
	33	20	(18th and) 19th century.
72			20th century.
78			Special.
80			Epic.
81			Lyric.
82			Popular poetry.
			Ballards, etc.
			Other, A-Z.
84	34	21	Drams.
86			History.
88			General.
90			Early (to 1800)
94			19th century.
96	35		20th century.
			Special forms, A-Z.
			Special subjects, A-Z.
98	36	23	Porse. Fiction.
100	37		History.
102			General.
104	38		Early (to 1800)
108	40	25	19th century.
	41		20th century.
110			Special topics, A-Z.
112			Other forms.
114	42		Oratory.
116	43	27	Letters.
118	44	28	Essays.
122	45	29	Wit and humor.
(126)	(46)	(30)	Miscellaneous.
			Folk literature.
			Local, see 47, 95-96, 192-193.

LITERATURE

XX	XX I	XX II	
			II Collections.
		31	General.
132	47		Early(to 1800)
134	48		Modern.
136	49	32	Minor. Selections. Anthologies.
			By period.
141	50		Medieval.
142	51		16th-18th centuries.
144	52		19th century.
145	53		20th century.
(148)	(55)	(33)	Loacl, see 47, 95-96, 192-193.
			Poetry.
		34	General.
150	56		Early(to 1800).
151	57		Modern.
152	58		Minor. Selections. Anthologies.
154	59		Women poets.
			By period.
156	62		Medieval.
157	63		16th-18th centuries.
158	64		19th century.
159	65		20th century.
		35	Special.
(161)	(67)		Ballads.
			Prefer poetry, I, 150, etc.
162	68		Other forms, A-Z.
163	69		By subject, A-Z.
164	70	36	Translations.
			Drama.
165	71	37	General.
166	72	38	Minor.
			By period.
167	73		To 1800.
168	74		19th century.
169	75		20th century.
171	77		Special(Tragedies, Comedies, etc.), A-Z.
			Prose.
		39	General.
173	79		Early(to 1800)
174	80		Modern.
		40	Fiction.
176	81		General.
177	82		Minor.
180	84	41	Oratory.
182	86	42	Letters.
184	88	43	Essays.
186	90	44	Wit and humor.
188	92	45	Miscellany.
			II Collections.
			Prose－Continued.

LITERATURE

XX	XX I	XX II	
190	93	46	Folk literature.
			Prefer GR.
		47	III Local.
192	95		By region, province, county, etc., A-Z.
193	96		By place, A-Z.
		48	IV Individual authors.
194	97		To 1600.
195	98		17th-18th centuries.
196	99		19th century.
197	100		20th century.
			Special subjects.
201	101	51	Polygraphy.
202	102	52	Philosophy.
203	103	53	Religion.
			History.
204	104	54	Chronology. Diplomacies. Numismatics.
205	105	55	Biography. Genealogy.
206	106	56	General history.
207	107	57	Ancient history.
208	108	58	Medieval.
209	109	59	Modern.
			Prefer 206, 106, 56.
210	110	60	Great Britain.
211	111	61	France.
212	112	62	Germany.
215	115	65	Other European, A-Z.
216	116	66	Asia.
			History of China in the Chinese language.
			see PL 3417.
			History of Japan in the Japanese language.
			see PL 817.
217	117	67	Africa.
220	120	70	Australia and Oceania.
221	121	71	United States.
222	122	72	British America.
223	123	73	Other American.
224	124	74	Geography and Anthropology(G-GN).

LITERATURE

XX	XX I	XX II	
225	125	75	Folklore, etc. (GR-GV).
226	126	76	Social sciences.
227	127	77	Economics.
228	128	78	Sociology.
229	129	79	Political science.
230	130	80	Law.
231	131	81	Education.
232	132	82	Music.
233	133	83	Fine arts.
234	134	84	Language(General philology, linguistics, and forcign languages). IV Individual authors. Speclal subjects-Continued.
235	135	85	Literature (Literary history: General and special) Science.
236	136	86	Mathematica. Astronomy. Phyaica. Chemiatry (Q-QD)
237	137	87	Geology. Natural history. Botany. Zoology. Human anatomy. Physiology. Bacteriology (QE-QR)
238	138	88	Medicine.
239	139	89	Agriculture.
240	140	90	Technology. Manufacturea. Trades (T, TS-TT)
241	141	91	Engineering and Building (TA-TJ)
242	142	92	Mineralindustries. Chemical technology (TN-TP)
243	143	93	Photography.
244	144	94	Domestic science.
245	145	95	Military science
246	146	96	Naval science.
248	148	98	Bibliography.

LITERATURE

XXIII	XXIV	XXV	
			History.
0	0.A1-5	0.A1-5	Periodicals. Societies. Collections.
1	0.A6-Z	0.A6-Z	General works. Compends.
2	0.5	0.05	General special. Minor.
3			Collected essays.
4	1	.1	Biography. Collected.
5			Origins.
6			To 1800.
7			19th century.
8			20th century.
(9)			Local, *see* 17.
10	2	.2	Poetry.
11	3	.3	Drama.
12	4	.4	Other.
			Collections.
13	5	.5	General. ⎫
14	6	.6	Poetry. ⎬ A2, Early.
15	7	.7	Drama. ⎪
16	8	.8	Other. ⎭
17			Local.
18	9	.9	Individual authors.

LITERATURE

XXVI	XXVIa
201-215 As in Table XX.	201-215 As in Table XX.
216 Asia.	216 Asia.
Special country.	217 Africa.
217 General works.	Special country.
218 Special. (Periods, etc.)	218 General works.
219 Africa.	219 Special. (Periods, etc.)
220-248 As in Table XX.	220-248 As in Table XX.

XXVII	XXVIII	
		History.
0.A1-5		Periodicals. Societies. Collections.
8.A6-Z	0.A1-5	
0.5	0.A6-Z	
1	0.5	
2	1	

LITERATURE

XXVII	XXVIII	
3	2	Drama.
4	3	Other.
	4	Collections.
		Under each: A2, Early to 1800.
5	5	General.
67	6	Poetry.
8	7	Drama.
9	8	Other.
	9	Individual authors.
11	11	Special subjects.
12	⎫	Polygraphy.
13	⎬ 12	Philosophy.
	13 ⎰	Religion.
14	⎱	History.
15		Chronology Diplomatics. Numismatics.
16		Biography. Genealogy.
17		General history.
18		Ancient history.
19		Medieval.
		Modern.
20	14	Prefer 16 in Table XXVII.
		Special(i. e. history of the country whose literature is
21		listed here in any given case).
22		Geography and Anthropology. Folklore, etc.
		Social sciences(Economics. Sociology.) Political science.
23		Law.
24		Education.
25		Music. Fine arts.
		Language (General philology, linguistics, and foreign
		languages.)
26	16	Literature (Literary history: General and special.
		Special subjects-Continued.
27		Science(Mathematics. Astronomy. Physics. Chemistry. Geology. Natural history. Botany. Zoology. Human anatomy. Physiology. Bacteriology). Medicine.
28	17	Agriculture. Technology. Manufactures. Trades. Engineering and Building. Mineral industries. Chemical technology. Photography. Domestic science. Military science. Naval science.
(29)	(18)	Bibliography.

XXX	
	Translations.
(1)	From foreign literature into the given language.
	For added entry only, except for .A1-8 in the case of less-known languages.
	Collections from several languages.
	Prefer PN for the better-known languages.
.A1	General and miscellaneous.
.A3	Poetry.
.A5	Drama.
.A8	Prose. Prose fiction.
	English.
.E1	General and miscellaneous.
.E3	Poetry.
.E5	Drama.
.E8	Prose. Prose fiction.
.E9	Individual authors.
.F1-9	French. (Divided like .E1-9.)
.G1-9	German. (Divided like .E1-9.)
.I1-9	Italian. (Divided like .E1-9.)
.R1-9	Russian. (Divided like .E1-9.)
.S1-9	Spanish (Divided like .E1-9.)
(2)	Other languages, A-Z.
(3)	Translations of works other than literature.
	By language and author. For added entry only.
(1*) (2*)	From the given language or group of languages into foreign languages. (Divided like (1). E1-8 to .S1-8 and (2) above.)

LITERATURE

	TABLE Da		TABLE Ea
	History.		History.
0	Periodicals. Societies. Collections.	0.A1-5	Periodicals. Societies. Collections.
1	General works. Compends.	.A6-Z	General works.
2	General special. Minor.	.5	General special. Minor.
3	Collected essays.	1	Biography.
4	Biography, Collected.	2	Poetry.
5	Origins.	3	Drama.
6	To 1800.	4	Other.
7	19th century.		Collections.

	TABLE Da		TABLE Ea
8	20th century.	5	General.
9	Local, see 17-18.	6	Poetry.
10	Poetry.	6.Z5	Translations.
11	Drams.	7	Drama.
12	Other.	7.5	Other.
	Collections.	8	Local, A-Z.
13	General.	9	Individual authors.
14	Poetry.		
.A2	Early to 1800.		
.Z5	Translations.		
15	Folk literature.		
16	Other, A-Z.		
	Local.		
17	States, regions, etc.		
18	Cities, towns, etc.		
19	Individual authors.		

<부록 3> LCC의 개인저자 세분표

I (98 nos.)	II (49 nos.)		Authors with ninety-eight or forty-nine numbers
			Collected works
0	0 or	50	Original editions, and reprints.
			By date
			To 1500: A00-A99
			1500-1599: B00-B99
			1600-1699: C00-C99
			1700-1799: D00-D99
			1800-1899: E00-E99
			1900-1999: F00-F99
1	1	51	Editions with commentary, etc.
			By editor, A-Z
2	2	52	Selected works, fragments etc.
3	3	53	Selections. Anthologies. Extracts
4	4	54	Translations. By language; subarranged
			by translator
			.F5 French
			.G5 German
			.I5 Italian

I (98 nos.)	II (49 nos.)		Authors with ninety-eight or forty-nine numbers
5-40	5-22	55-72	.S5 Spanish .Z5 Other Separate works, alphabetically by title Only the more important have a special number or numbers assigned to them; the lesser works are to have cutter numbers For subdivisions where one number is assigned to a work use Table X. For cutter numbers, use Table XI Under each:

		0	Texts
0	0		By date
1	1		By editor
2	2		Selections
3	3		Translations(and Adaptations: Drama- tizations, etc., Imitations) N. B. Adaptations, dramatizations, etc., by the author of the original work himself to precede transla- tions in foreign languages
4	4	1	Criticism
5-9			Special, A-Z

(출처: Library of Congress Classification: General Literature English and American Literature Fiction in English Juvenile Belles Letters. Washington, LC, 1978, pp.164-277.

I (98 nos.)	II (49 nos.)		Authors with ninety-eight or forty-nine numbers-Continued
	23	73	Doubtful, spurious works
			CF. 70(Table Ⅰ); 36, 86(Table Ⅱ)
42	.A2+	.A2+	Collections
43	.A5-Z	.A5-Z	Special, A-Z
44			works edited by the author under
			considerations
45	24	74	Imitations. Adaptations
46			Parodies
47	25	75	Relation to the drama and the stage.
			Dramatization
48	26	76	Translations(Comparative studies, etc.)
			Illustrations(Portfolios, etc. without
			text. illustrations with quotations)
			prefer N8215, or the special artists
			in NC-NE as the case may be
			Classification of illustrations in P
			may be preferred in the case of a
			few authors of the first rank whose
			works have inspired many artists
			Illustrated editions with other editions
			Portraits, etc., of the author with his
			biography
			Biography, criticism, etc.
			Bibliography, ∝ see Z8001+
51	29	79	Periodicals. Societies. Collections
52	30	80	Dictionaries, indexes, etc.
			Class here general encyclopedic
			dictionaries only
			For special dictionaries, see the
			subject, e. g. characters, see 78
			(Table Ⅰ); 39, 89(Table Ⅱ); con-
			cordances and dictionaries, see
			91-92(Table Ⅰ); 45, 95(table Ⅱ)
.5	.5	.5	Historical sources and documents of the
			biography of authors
			For sources of literary works, see 71
			(Table Ⅰ); 36, 86(Table Ⅱ)
			Autobiographical works
53	31.A2	81.A2	Autobiography
54	.A3-39	.A3-39	Journals. Memoirs

I (98 nos.)	II (49 nos.)		Authors with ninety-eight or forty-nine numbers-Continued
.3	.A4	.A4	Letters(Collections). By imprint date
.4	.A41-49	.A41-49	Letters to and from particular individuals. By correspondent(alphabetically)
55	.A5-Z	.A5-Z	General works
56			Early life. Education
57	32	82	Love and marriage. Relation to women
58			Later life
59	33	83	Relations to contemporaries. Times, etc. CF. 73(Table I)36, 86(Table II)
60	34	84	Homes and haunts. Local associations. Landmarks CF. DA
			Biography, criticism, etc.-Continued
61			Anniversaries. Celebrations
62			Memorial addresses. Treatment in literature
63			Poetry
64	35	85	Fiction
65			Iconography
			Portraits
66			Monuments
67			Relics: Museums, exhibitions, etc, By author or title, A-Z
.Z9	.Z9	.Z9	Miscellaneous minor pieces(Pamphlets, leaflets, etc.) Not separately cataloged, numbered (1), (2), etc.
68	36	86	Authorship
69			Manuscripts. Authorship For textual criticism, see 89(Table I); 43, 93(Table II)
70			Forgeries, etc. cf. 42, 43, 45 (Table I); 23-4, 73-4 (Table II)
71			Sources
72			Forerunners
73			Associates. Followers. Circle. School Of. 59(Table I); 33, 83(Table II)
74			Allusions
75	37	87	Chronology of works Criticism and interpretation

I (98 nos.)	II (49 nos.)		Authors with ninety-eight or forty-nine number
			History
.3	.3	.3	General
.4	.4	.4	By region or country, A-Z
76	38	88	General works. Genius, etc.
			Prefer 55(Table I); 31, 81
			(Table II)
77		89	Philosophy
			Prefer 76 or 82(Table I), and
			Corresponding number of Table II
			Characters
78	39	90	General works
			Special
79			Groups, classes
			Including women
80	40	90	Individual
81	41	91	Technique, plots, scenes, time, etc.
	42	92	Treatment and knowledge of special subjects
82			Philosophy. Religion
			Ethics Use these lines for
83			Law, politics, etc. Table I only; for
84			History These topics in
85			Art Table II, see
86			Nature topics under
87			Science "Other, A-Z" below
88			Other, A-Z
			.A34 Aesthetics
			.A4 Allegory
			Criticism and interpretation
			Treatment and knowledge of
			special subjects
88	42	92	Other, A-Z-Continued
			.A66 Art
			.A7 Asia
			.B5 Bible
			.C5 Ciphers
			.C7 Criticism (the author as
			critic)
			.D35 Death
			.D4 Devil
			.D56 Disguise

I (98 nos.)	II (49 nos.)		Authors with ninety-eight or forty-nine number
88	42	92	.D6 Dogs
			.D7 Dramatic works
			.E8 Ethics
			.E9 Evil
			.F6 Folklore
			.G4 Geography
			.G43 Germany
			.G7 Grotesque
			.H3 Happiness
			.H4 Heraldry
			.H5 History
			.L3 Law
			.L5 Literature
			.L6 Love
			.M3 Marriage
			.M45 Memory
			.M95 Mysticism
			.N2 Nature
			.O25 Occult
			.P3 Paradise
			.P5 Philosophy
			.P64 Politics
			.P7 Prose
			.P8 Puritans
			.R4 Religion
			.S3 Science
			.S4 Semitic philology
			.S43 Senses and sensation
			.S6 Socialism
			.T5 Time
			.W6 Women
89	43	93	Textual criticism, commentaries, etc. Including discussions of manuscripts of classical or medieval authors and works
90	44	94	Language, style, etc. Prefer 76(table I); 38, 88 (Table II)
	45	95	Dictionaries. Concordances
91			Dictionaries

I (98 nos.)	II (49 nos.)		Authors with ninety-eight or forty-nine number
92			Concordances
	46	96	Grammar
93			General works
94			Use of words
95			Syntax
96	47	97	Versification, meter, rhythm, etc.
97	48	48	Dialect, etc.

III (19 nos.)	IV (9 nos.)	Authors with nineteen or nine numbers
		Collected works
0	0	Bye date
1	1	Bye editor
	.5	Selected works
2	2	Selections
		For separate parts, see
		Separate works
	3	Translations
3	.A2A-Z	Modern English. Bye translator
4	.A3-Z	Other. By language
		Subarranged by translator
5-10	4(A-Z)	Separate works
		Under each:
		III, see Table X, or XI
		IV, see Table XI
11	5	Apocryphal, spurious works, etc.
		Biography, criticism, etc.
12.A1-5	6.A1-19	Periodicals. Societies. Serials
.A6-Z	.A2-3	Dictionaries, indexes, etc.
13.Ad3-39	.A31-39	Autobiography, journals, memoirs
.A4	.A4	Letters(Collections). Bye imprint date
.A41-49	.A41-49	Letters to and from particular individuals. Bye correspondent (alphabetically)
.A5-Z	.A5-Z	General works
		Criticism
14	7	General works
15		Textual. Manuscripts, etc.
		Special
16		Sources

III (19 nos.)	IV (9 nos.)	Authors with nineteen or nine numbers
17	8	Other, A-Z

Including in Table IV, lan-
guage, grammar, style, etc.

.A35 Aesthetics

.A4 Ambiguity

.A75 Art

.A9 Authorship

.B6 Books and reading

.C47 characters and character-
istics

.C5 China

.C56 Comic, The

.C7 Creation

.C8 Cuchulain

.D7 Dramatic works

.E25 Economics

.E3 Education

.E46 England

.E8 Ethics

.F5 Fictional works

.F7 French literature

.G44 Geography

.H4 Heroes

.I4 Imagination

.I44 Immortality

.I48 India

.I5 Individualism

.I7 Irony

.I8 Italy

.L3 Landscape

.L33 Language

.L35 Laudatory poetry

.L36 Law

.L5 Literature

.L88 Luxury

.M3 Marriage

.M4 Medicine

.M47 Metamorphosis

.M6 Money

.M8 Mysticism

Ⅲ (19 nos.)	Ⅳ (9 nos.)	Authors with nineteen or nine numbers-Continued
17	8	.M83 Mythology .O25 Occultism Criticism Special Other, A-Z-Continued .P3 Parody .P4 Performing arts .P5 Philosophy .P58 Poetic works .P6 Political and social views .P7 Prudence .P8 Psychology .R3 Race problems Reading, see .B6 .R37 Realism .R4 Religion .R47 Revenge .R5 Rivers .R6 Rogues and vagabonds .S2 Satire .S3 Scatology .S35 Science Social views, see .P6 .S6 Socialism .S7 Soldiers .S75 Stage history .S8 Style .S95 Symbolism .T4 Technique .T7 Tragic, The .V4 Versification .W6 Women
18		Language. Grammar. Style

IIIa 18	IVa	Same as III and IV, but using the following date letters under "O"as in Tables I and II, p.264
		To 1500: A00-A99
		1500-1599: B00-B99
		1600-1699: C00-C99
		1700-1799: D00-D99
		1800-1899: E00-E99
		1900-1999: F00-F99

V (9 nos.)	VI (5 nos.)		Single works with nine or five numbers-Continued
0	0 or	5	Texts
			Including texts with commentaries
			.A1 Through 1800
			.A2 1801-1900. Bye date, when no editor is given
			.A5-Z 1901- . By editor
1	1	6	Selections
			Subarranged like 0
2			Separate parts. By number or name
			Translations
3	2	7	English(or in the case of medieval works, modern versions or adaptations in the vernacular)
4.A-Z3 (.Z5)	3	8	Other. by language, A-Z
			Imitations, stories, etc.,
			Class imitations, stories, etc., founded upon the text with other works of the author of the imitation
	4	9	Criticism
5			General works
			Including authorship
6			Textual
7			Special. By subject, A-Z
8			Language, grammar, etc.

| VII | | | Authors with four or five numbers |
(5 nos.)			
0	or	5	Collected works
.A1			To 1800
			1800-
			Under modern authors, 19th century and later. Collected works are to be classed under .A2 by date, and only in special cases under .A5A-Z by editor
.A2			By date
.A5A-Z			By editor
.A6-Z3			Translations. By language
			Subarranged by translator
1	6		Selections, anthologies, etc., A-Z
2	7		Separate works. By title, A-Z
			(Use Table XI)
			Biography, criticism, etc.
3.A1-29	8.A1-29		Periodicals. Societies. Serials
.A3	.A3		Dictionaries, indexes, etc. By date
.A4-43	.A4-43		Autobiography, journals, memoirs
.A44	.A44		Letters(Collections). By imprint date
.A45-49	.A45-49		Letters to and from particular individuals. By correspondent(alphabetically)
.A5-Z	.A5-Z		General works
4	9		Criticism
			Where only four numbers are provided, class Criticism with Biography

| VIII | IX | Authors with one number or Cutter |
| (1 no.) | (Cutter no.) | number |
		Use Tables VIIIa and IXa when possible
		Collected works
.A1	.x	By date
.A11-99	.xA11-19	By editor(alphabetically)
		Translations
.A2-29	.xA2-29	English. By translator
.A3-39	.xA3-39	French. By translator
.A4-49	.xA4-49	German. By language
.A5-59	.xA5-59	Other. By language
.A6	.xA6	Selections
.A61-78	.xA6-78	Separate works. By title

VIII (1 no.)	IX (Cutter no.)	Authors with one number or Cutter number Use Tables VIIIa and IXa when possible
		Biography and criticism
.A79	.xA79	Dictionaries, indexes, etc. By date
.A8-829	.xA8-829	Autobiography, journals, memoirs
.A83	.xA83	Letters(Collections). By imprint date
.A84-849	.xA84-849	Letters to and from particular individuals. By correspondent(alphabetically)
.A85-Z	.xA85-Z	General works
		Collected works
.A11	.x	By date
.A11-13	.xA11-13	By editor
.A14	.xA14	Uncataloged material
.A15	.xA15	Collected novels
.A16	.xA16	Essays, miscellanies, etc.
.A17	.xA17	Collected poems
.A19	.xA19	Collected plays
		Translations
.A199	.xA199	Modern versions in the same language. By date
.A2-29	.xA2-29	English. By translator
.A3-39	.xA3-39	French. By translator
.A4-49	.xA4-49	German. by language
.A5-59	.xA5-59	Other. By language
.A6	.xA6	Selections
.A7-Z48	.xA7-Z458	Separate works
		Biography and criticism
.Z49	.xA459	Dictionaries, indexes, etc. By date
.Z5A3-39	.xA46-479	Autobiography, journals, memoirs
.Z5A4	.xA48.	Letter(Collections). By imprint date
.Z5A41-49	.xZ481-499	Letter to and from particular individuals. By correspondent (alphabetically)
.Z5A5-Z	.xA5-999	General works

Ⅷb (1 no.)	Ⅸb (Cutter no.)	Authors with one number or Cutter number
		Collected works
.A1	.x	By date
.A11-14	.xA11-14	By editor
.A15	.xA15	Collected novels
.A16	.xA16	Essays, miscellanies, etc.
.A17	.xA17	collected poems
.A19	.xA19	collected plays
.A3-Z29	.xA3-Z29	Separate works
		Translations
.Z3-39	.xZ3-39	English
.Z4-49	.xZ4-49	French
.Z6-69	.xZ6-69	Other. By language
.Z7	.xZ7	Selections. By date
		Biography and criticism
.Z72	.xZ72	Dictionaries, indexes, etc. By date
.Z721-73	.xZ721-73	Autobiography, journals, memoirs
.Z74	.xZ74	Letters(Collections). By imprint date
.Z741-75	.xZ741-75	Letters to and from particular individuals.
		By correspondent(alphabetically)
.Z76-99	.xZ76-99	General works

X (1 no.)	Xa (1 no.)	Separate works with one number Use Table Xa for works after 1600
		Texts
.A1	.A1	By date
.A11-2	.A2A-Z	By editor
	.A3	School texts
	.A35	Selections
	.A37	Adaptations, dramatizations, etc.
		Translations
.A21-39		Modern versions of medieval works
.A4-49	.A4-49	French
.A5-59	.A5-59	German
.A6-69	.A6-69	Other languages. By language
.A7-Z	.A7-Z	Criticism
.Z8	.Z8	History
.5	.5	Special parts. By date

XI (Cutter no.)	Separate works with Cutter number
(1) .x date .xA-Z (3) .xA-Z	Texts Translations. By language .A3-39 Modern versions in same language .A4-Z Other languages Criticism Note: In Table XI, (1), (2), and (3),.x represents successive Gutter num- bers, as, for example: .F6, .F7, .F8 or .F66, .F67, .F68 In the case of works where division (2) is inapplicable the numbers may be modified by using two Cutter numbers only, as .F4, .F5 or .F4, .F41

VII (2 nos.)	Authors with two numbers
 1.A1 .A2A-Z .A3A-Z A4 .A5-Z 2.A2 .A3-39 .A4 .A41-49 .A5-Z	Collected works By date By editor Translations. By language, A-Z Selections. By date Separate works. By title Biography and criticism Dictionaries, indexes, etc. By date Autobiography, journals, memoirs Letters(Collections). By imprint date Letters to and from particular individuals. By correspondent (alphabetically) General works
VIIa (2 nos.)	Single works with two numbers
 (1) .A1 .A2-59 .A6-Z (2)	Texes By date By editor Parts. By title Criticism

	ⅩⅢ	Anonymous works in fiction, poetry, drama, etc.
Special number for anonymous works	No special number for anonymous works	Works by unidentified authors are to be classed under the period to which they belong and are to precede the works of individual authors known by name, except as otherwise provided for in the schedules They are to be arranged according to the following table Where a special number is not provided for anonymous works the numbers in the second column are to be used with such modifications as may be necessary If two or more works are identified as being by the same author, they are to be kept together, using for this purpose the numbers .A101-199, etc.
.A1	.A1	Works without any indication of author, either by symbol or initial. By title, A-Z
.A2	.A11	Works by *, **, ***, etc. (asterisk or asterisks). By title, A-Z Note: When special number is assigned .A101-199 may be used in cases where two or more works are known to be by the same author, arranged by word or phrase preceding the symbol e. g. PQ2149 Works by "L'abbé***" .A121 Le jésuite .A123 Le mauduit .A124 Les mystiques .A127 La religieuse
.A3	.A13	Works by -, --, etc. (dash or dashes). By date. A-Z .A201-299 may be used like .A101-199
.A4	.A15	Works by ., .., ..., etc. (dot or dots). By title. A-Z .A301-399 may be used like .A101-199
.A5	.A17	Works by authors indicated by other symbols(!, ?, +, etc.) .A401-499 may be used like .A101-199

	XⅢ	Anonymous works in fiction, poetry, drama, etc.
.A6	.A19	Works by authors indicated by a descriptive phrase
		e. g. .A6A5 or .A19A5 Amator patriae
		.A6I5 (Un) Ingénieur en chef honoraire des mines
		.A6P2 Patriae amator
.A7	.A2	Works "Bye the author of" arranged by the title named
		e. g. .A7E7+ By the author of "Erite sicut Deus"
		.A7R8+ By the author of "Ruinen aus den aagen des nordens"
.A9	.A21	Works by A. A***, A-, Capt. A, etc. Subarranged in one alphabet by title disregarding symbols and other initials that may be added
		(As in the case of .A101-199 exceptions may be made of two or more works known to be by the same author which may be arranged .A801-899; .A201-.2099)
.B3	.A22	Works by B
		(.B201-299, .C201-299, etc., may be used as in the case of .A801-899)
.C3	.A23	Works by C
.D3	.A24	Works by D
.E3	.A25	Works by E
.F3	.A26	Works by F
.G3	.A27	Works by G
.H3	.A28	Works by H
.I3	.A29	Works by I
.J3	.A3	Works by J
.K3	.A31	Works by K
.L3	.A32	Works by L
.M3	.A33	Works by M
.N3	.A34	Works by N

	XⅢ	Anonymous works in fiction, poetry, drama, etc.
.O3	.A35	Works by O
.P3	.A36	Works by P
.Q3	.A37	Works by Q
.R3	.A38	Works by R
.S3	.A39	Works by S
.T3	.A4	Works by T
.U3	.A41	Works by U
.V3	.A42	Works by V
.W	.A43	Works by W
.X	.A44	Works by X
.Y	.A45	Works by Y
.Z	.A46	Works by Z
		Works of unidentified authors writing under pseudonyms are to be entered under the special numbers for anonymous authors by initials, A-Z following the entries for initials
		e. g. PS991 .A94 "Algernon"
		.A95 "Angelo"
		.G7 "Gold-pen"
		.L4 "Lacon"
		.O8 "Opal"